GRENZENlos

BAWAG Edition Literatur

Band IV

UEBERREUTER

Die Deutsche Bibliothek – CIP-Einheitsaufnahme

Grenzenlos / BAWAG. - Wien : Ueberreuter, 1999
  ISBN 3-8000-3766-1
  NE: Bank für Arbeit und Wirtschaft ›Wien‹

AU 0505/1
Alle Urheberrechte, insbesondere das Recht der Vervielfältigung,
Verbreitung und öffentlichen Wiedergabe in jeder Form, einschließlich
einer Verwertung in elektronischen Medien, der reprografischen
Vervielfältigung, einer digitalen Verbreitung und der Aufnahme in
Datenbanken, ausdrücklich vorbehalten.
Umschlaggestaltung: BAWAG, Abt. Werbung und kulturelle Angelegenheiten
Konzeption der Edition: Alfred Zellinger
Copyright © 1999 by Verlag Carl Ueberreuter, Wien
Druck: Ueberreuter Print
5 4 3 2 1

Ueberreuter im Internet: www.ueberreuter.de

INHALT

Vorwort — 7

Manfred Chobot
Welche Farbe hat deine Seele?
Oder: 12 Personen suchen Rom — 9

Milo Dor
Grenzüberschreitungen — 18

Karl-Markus Gauß
Grenze — 26

Arno Geiger
An den Freund Tobi — 33

Thomas Glavinic
Deadly dust — 42

Monika Helfer
SABA — 51

Stefanie Holzer
Graniza oder Meine Putzfrauen — 55

Marie Luise Kaltenegger
Was ist Grenze und wo?
Nachrichten aus einem Wiener Grätzel — 63

Ulrike Längle
Bei den Innenseitern — 67

Katrin Mackowski
Ahnengruß _____ 77

Georg Pichler
Unter uns oder Die Strategie der Angst _____ 87

Claudia Seidl
Grenzgang _____ 95

Christian Sova
Altes Eisen _____ 98

Sylvia Treudl
Bergwertung _____ 108

Rüdiger Wischenbart
Wilde Grenzen.
Politik, Kultur und Kommunikation am Bruch _____ 119

Monika Wogrolly
Mehrdads Geschichte _____ 131

O. P. Zier
Grenzen als Los oder Unsere tägliche Grenze
gib uns heute! _____ 143

Biographien und Bibliographien _____ 152

VORWORT

Nach den ersten drei Bänden der »BAWAG Edition Literatur« – »GELD MACHT SINNlich«, »EUROPA DER SINNE« und »MACHT KUNST SINN« – war es wieder unsere Absicht, ein Thema zu wählen, das aktuell ist und zugleich seine Relevanz auf Dauer behalten würde. Für den nun vorliegenden vierten Band haben wir den Titel »GRENZENlos« gewählt – ein Thema, dessen Brisanz offensichtlich ist.
Und wieder ist die Mehrdeutigkeit des Titels intendiert: Grenzen – grenzenlos – von Grenzen bestimmtes Los …
Es sollte um innere Grenzen gehen, um begrenztes im Gegensatz zu offenem Denken: Es interessierte die Segregation der Gesellschaft in den Städten: nach sozialen Schichten, nach ethnischen Zugehörigkeiten, vor allem aber auch die – quer durch geographische Grenzen laufende – kulturelle Segregation.
Es interessieren kulturelle und sonstige Identitäten, die Resultate von Migrationen, die neuen »eisernen Vorhänge«; auch Konsequenzen nationalistisch oder religiös motivierter Bewegungen, die Angst vor dem Fremden, die Liebe zum Fremden …
Ist ein Leben ohne Grenzen überhaupt erstrebenswert? Löst es nicht auch Ängste aus? Oder läßt es Hoffnungen, Visionen entstehen? Mit der Öffnung von Landesgrenzen fallen jedenfalls nicht automatisch auch die geistigen.
Ziel der »BAWAG Edition Literatur« ist auch, die den Themen wie unserer Zeit adäquaten Formen zu finden. Wir bevorzugen deshalb realitätstüchtige Autoren, die sich ihrer Zeit stellen und nicht vor ihr in Innerlichkeit sich flüchten. Wehleidigkeit, Zimperlichkeit, Betulichkeit sind für uns keine Kategorien des Kunstempfindens.
Auch trotzige Provokationen – seien es »anschwellende Bocksgesänge«, seien es Hohelieder auf Kriegsverbrecher an der

»November-Drina«, oder seien es karrieristisch kalkulierte Gen-Spekulationen für den »Menschenpark« – sind nicht unser Stil.

Wir hoffen, auch mit diesem Band wieder die Zahl der Stammleser und Interessenten unserer kleinen Edition ein wenig vergrößern zu können.

Helmut Elsner
Vorsitzender des Vorstandes der BAWAG

Manfred Chobot

WELCHE FARBE HAT DEINE SEELE?
Oder: 12 PERSONEN SUCHEN ROM

1.
Hier sind wir zu Hause, das ist unsere Küche. Da halten wir uns am liebsten auf. Auch die Leute, die zu uns kommen, fühlen sich wohl bei uns, das ist so üblich bei den Roma, das ist unsere Art. So kann ich mit euch besser reden, weil ich weiß, ihr gehört ein bißl zu uns. Wir versuchen mit jedem Menschen auszukommen, aber leider Gottes kommen die Menschen nicht mit uns aus, weil die haben oftmals irgendwas gegen uns Roma. Obwohl wir als sechste Volksgruppe anerkannt sind, spüre ich nicht, daß sich etwas verändert hat. Ich spüre nix.

Wir sind sehr empfindlich und haben ein großes Herz, helfen gern. Wir können mit Menschen jeder Mentalität zusammenleben, nur mit uns kann nicht jeder leben.

Mein Vater hat immer gesagt: Ein Mann ist ein Mann, und er hat immer recht. Auch wenn er mal klein ist, bleibt er dennoch ein Mann. Das muß man so belassen.

Man kann nicht Eisentore einrennen. Wer mich Zigeuner schimpft, der hat mit sich Probleme, nicht mit mir.

Ich kenne Fälle, wo Kinder, die hier geboren sind, besser Deutsch als Serbisch konnten, in Schubhaft gekommen sind.

Zuerst Kinder muß erlernen ihre Muttersprache: Romanes,

Deutsch, Serbokroatisch. Meine fünf Enkerl spricht schon dreisprachig. Meine jüngste Enkerl ist fünf Jahre.

Seit 1991 bin ich österreichischer Staatsbürger, obwohl ich schon 1966 mit meinen Eltern nach Wien gekommen bin. Bis 1977 war ich in Wien, dann bin ich wieder zurück nach Jugoslawien gegangen um zu musizieren. Schließlich bin ich 1988 endgültig nach Wien gezogen, noch vor dem Krieg, und habe mich für die Staatsbürgerschaft entschieden. Meine Frau besitzt sie noch nicht, die Kinder dagegen schon. Die Gemeindewohnung habe ich seit einem Jahr. Ich bin glücklich, daß ich österreichischer Staatsbürger bin. Seine Heimat ist dort, wo man sich wohl fühlt, wo man leben kann, wo die Kinder eine Zukunft haben. Auch alle meine Geschwister sind hier. Natürlich musiziere ich sehr viel mit meiner Familie, meine eigene Musik, die ich selbst entwickelt habe und komponiere.

Wir leben nicht anders als alle anderen, ob Zigeuner oder Nicht-Zigeuner. Unser Alltag besteht darin, unsere Kinder großzuziehen, kochen, putzen, waschen, was jede Frau machen muß, unseren Lebensunterhalt verdienen. Wir haben uns über die Jahrhunderte hinweg der Gesellschaft angepaßt. Klarerweise achten wir auf eine gewisse Distanz, denn es passiert so viel, daß unsereins schon aufpassen muß. Mein Vater war Österreicher, meine Mutter stammt aus Ungarn. Im Alter von 16 Jahren ist sie hergekommen und lebt seitdem in Österreich. Wir sind acht Kinder, sechs Mädchen und zwei Buben. Unser Leben ist eigentlich ganz normal, nichts Aufregendes.

Nämlich ich handel mit Teppichen, weil das Handeln mit Pferden ist längst vorbei. Deswegen haben wir Lowara umgestellt auf Teppiche. Damit ernähre ich meine Familie. Wir zahlen Steuern und leben wie andere Menschen. Drum finde ich es nicht schön, wenn einer Zigeuner oder Roma sagt. Hält man uns für Banditen oder Menschenfresser? Unsere Kinder gehen zur Schule, üben ihren Beruf aus, weil wir Ruhe haben, nicht von Staat zu Staat gejagt werden wie unsere Großeltern. Seit wir unsere Ruhe gefunden haben, zeigen wir, daß wir so leben können wie jede andere Nation. Gelernt habe ich Maler und Anstreicher, aber wegen der Chemikalien kann ich meinen Beruf nicht mehr ausüben. Also handel ich mit Teppichen. Für uns Lowara ist ein Pferd wichtiger oder besser als ein Mercedes oder Rolls-Royce.

2.
Ein Unterschied liegt im Zusammenleben. Bei uns ist es wurscht, ob alt oder jung. Wir leben ein lebendigeres Leben, pflegen den Kontakt innerhalb der Familie und zu den Nachbarn, besonders wenn wir in einem Gemeinschaftshaus wohnen. Mein Bruder kann zu mir kommen, wann immer er will. Wenn du Hilfe brauchst, kannst du jederzeit anläuten, auch in der Nacht. Das ist nicht hergesprochen, das ist eine Tatsache.

Wir Roma sind weniger individualistisch. Selbst in einem großen Haus wohnen und schlafen wir gern in einem Zimmer. Für die Behörde oftmals ein Anlaß, die Aufenthaltsbewilligung zu verweigern. Unser Geld werfen wir in einen gemeinsamen Topf – das Familiengeld, so daß jemand, der vielleicht gerade keine Arbeit hat, dennoch sein Auslangen findet.

Mein Freund ist Roma, ich bin halb österreichisch und halb ungarisch, ebenfalls zweisprachig aufgewachsen. Wie er habe ich das Problem, zwischen zwei Kulturen zu stehen. Mit seiner Musik gehört er zur Roma-Kultur, im Alltag hat er eher ungarische Freunde. Innerhalb seiner Familie räumt man uns keinen fixen Platz ein, erst wenn ich Kinder bekomme, gelte ich etwas. Für einen Roma gilt die Familie als das Heiligste, und jeder weiß, daß er sich darauf verlassen kann.

Manche halten uns Zigeuner für den Weltuntergang, und ich fühle mich bei diesem Wort wie eine Aussätzige. Doch wir sind Zigeuner und bleiben Zigeuner, bis wir sterben. Unsere Musik wollen sie, uns Roma aber verachten sie. Dabei sind wir ganz normale Menschen. Nicht um Millionen würde ich mei-

nen Charakter hergeben. Natürlich gibt es in jeder Nation gute und schlechte Menschen, auch bei uns.

In Tirol oder Salzburg, in Oberösterreich oder Niederösterreich haben sie ihre Bräuche, natürlich auch wir, die Lowara, Gelderara oder Sinti. Trotzdem sind wir alle Roma und können uns nicht davon abwaschen. Jeder hat seine Art, in der Familie zusammenzuleben.

Meine Kinder sprechen unsere Sprache perfekt. Das habe ich ihnen beigebracht, als sie noch klein waren. In ihrem Freundeskreis wird Deutsch gesprochen, aber zu Hause, in der Familie, wissen sie, was sich gehört. Wieso sollen wir vertuschen, daß wir Zigeuner sind? Wir haben nichts zu verbergen. Ich bin stolz, Zigeunerin zu sein.

3.
Ganz ehrlich, ohne jemanden beleidigen zu wollen, muß ich schon sagen, daß die österreichischen Frauen fauler sind als unsrige. Vielleicht nicht direkt faul, aber ich bin gewöhnt, daß eine Frau im Haushalt alles macht. Österreichische Männer richten sich ihr Essen selbst. Das ist der Unterschied, wo wir nicht zusammenkommen. Wofür habe ich denn eine Frau, doch nicht bloß fürs Bett. Den Haushalt hat die Frau zu machen, und zwar hundertprozentig. Der Mann hilft nur, wenn er Zeit dazu hat oder wenn er will, denn der Mann ist für etwas anderes bestimmt. Okay, auf den Teller nehme ich mir schon mal selbst. Durch den Haushalt und die Kinder spürt eine Frau, daß sie eine Frau ist und daß der Mann etwas wert ist für sie.

Persönlich bin ich froh, wenn war ich Jungfrau. War sehr schön für mich. Er war meine erste Mann. Was ist auch schön für den Mann. Unsere Mann ist schon glücklich, wenn Frau ist Jungfrau. Mann fühlt sich gut, ist ein ganzer Mann. Das ist in Ordnung.

Die Frau züchtet die Kinder groß, der Mann bringt das Geld

und hat alle Rechte. Wiener Frauen arbeiten und können selbständig leben, darum wehren sie sich. Unsere Frauen sind nicht zum Erwachsensein erzogen worden. Der Mann ist viel freier, aber mit einer Freundin ausgehen, so weit reicht die Freiheit wiederum nicht. Oftmals haben unsere Männer ein Hobby, spielen viel Fußball oder Billard. Das muß nicht heißen, daß er fremdgeht.

Mein Vater und frühere Generationen haben ihre Frauen schon geschlagen. Das war die Rolle des Mannes, über der Frau zu stehen. Streiten sie, kriegt die Frau Tetschen, auch wenn sie recht hat, muß sie schweigen. In der jüngeren Generation hat sich das geändert, und zwar deswegen, weil wir in einer anderen Umgebung leben.

Wenn Mann mich schlagen würde, ich ihm ein Spiel vorspielen. Sagen, ich gehe weg, das ist das Ende. Aber nicht ernst. Muß das Spiel richtig nehmen. Kann eine Frau nicht weggehen von ihrem Mann, das ist zum Schämen, wenn eine Frau geht und Kinder läßt. Ist eine Schande, wenn ist Frau oder Mann allein mit Kinder. Eine Frau nix darf haben andere Männer. So ist bei uns Tradition. Wo mehrere Zigeuner, bleibt diese Tradition.

Ich habe meinen Freund einmal gefragt, warum er keine Romni heiratet, und er hat gesagt, daß es ihn aufregt, wenn die Romni-Frauen erwarten, daß der Mann das Geld nach Hause bringt, die Frau sich allein um die Kinder kümmert und nicht arbeitet. Daß eine Romni schön ist, genügt ihm nicht, sie soll auch etwas zum gemeinsamen Leben beitragen.

Mein Sohn Miki ist neuneinhalb. Miki, was wirst du tun, wenn du eines Tages heiratest? Hilfst du deiner Frau im Haushalt? Ich helfe ihr vielleicht ein bißchen beim Geschirrwaschen. Beim Bodenwischen und Staubwischen werde ich ihr aber nicht helfen. Willst du, daß deine Frau allein ausgeht? Das kann ich nicht gut sagen, ich bin noch klein.

Bin ich ein Aschenputtel, daß ich alles allein mache, mein Freund soll auch etwas beitragen. Wenn er nicht mag, kann er gleich gehen.

Na da schau her, was meine dreizehnjährige Tochter für Ansichten hat. Mein Sohn hält es eher wie ich. Das freut mich.

4.
Meine Schwägerin ist zu Besuch da, und die lieben sich sehr. Mit ihrem Mann hatte sie sechs Jahre gelebt und hat ihn stehen gelassen.

Ich war 15 Jahre mit meiner Frau verheiratet und habe sie auch verlassen. Nun leben wir zwei zusammen. Zwar versuchen unsere ehemaligen Partner, uns wieder auseinanderzureißen, doch nützt das nichts. Ich liebe sie. Und sie liebt mich.

Bin i von Bosnia, die von Serbia. Elf Jahre in Österreich. War ich bei Firma Fensterputzer. Ist Firma in Konkurs, bin ich arbeitslos. Habe nix Staatsbürgerschaft. Frau ist Bedienerin. Früher kannst du kommen ohne Visa, aber jetzt ist wichtig mit Papiere. Unsere Leben ist normal: Arbeit, kommen zu Hause, Bett, Arbeit, Besuch machen bei Familie. Sind alle hier, meine Frau und meine Kind. Aber bin ich mit diese Frau zusammen seit zwei Monat. Haben viel Liebe. Egal Kapital oder Charakter. Von Zigeuner ist richtige Liebe von ganze Welt. Zigeunische Liebe ist ohne Geld. Willst du lernen Zigeunerliebe, mußt du heiraten eine zigeunische Mann, dann kannst du kennen.

Bei uns es ist Tradition, wenn Mann will heiraten Frau, er muß zahlen für sie. Mädchen heiraten mit dreizehn oder vierzehn Jahren. Frau muß Jungfrau sein. Wenn hat gelogen, dann Vater kann Geld zurückverlangen. Das war früher sehr gefährlich, wenn Frau ist nix Jungfrau. Heutige Generation ist es wurscht. Wenn sie mit Bräutigam schlafen, muß man sehen Blut. Wollen alle, daß gezeigt wird das Leintuch. Aber hat man schon die Familie betrogen, wenn hat sie geschlafen vorher mit andere Mann, dann kann man mit Saft von Kirsche was machen. Nacht von Hochzeit ist bei uns nix zum Schämen. Große Freude, wenn hat Mann geschlafen mit seine Frau. Ich persönlich finde das sehr schön. Mein Mann hat zwei Kinder, war verheiratet.

Man muß auch ein bißl denken, ich kann doch net mit Gewalt etwas machen, daß die Kinder unbedingt eine Zigeunerin nehmen, wenn sie nicht wollen. Natürlich hätte ich gerne, daß sie ein gutes Roma-Mädchen als Frau nehmen. Aber auch unter den Roma findet man nicht mehr das, was früher war. Leider Gottes hat sich alles bei uns ein bißchen gelockert. Lieber hätte ich eine Romni als Schwiegertochter, aber wenn sich mein Bub in eine Nicht-Zigeunerin verliebt, kann ich auch nichts machen, man kann die Kinder nicht zwingen.

5.
Manchmal ist es wirklich sehr traurig, wenn ich höre von meinen eigenen Kindern, was die in der Schule erlebt und mir nie verraten haben. Sascha erzählt manchmal bei unseren Auftritten, wie es beim Fußballspiel gewesen ist. Den Schwarzen lassen wir nicht hinein, vielleicht hat er Läuse, haben sie gesagt. Er mußte draußen stehen und für die anderen Kinder nach dem Ball rennen. Seit er Musiker geworden ist, hat ihn jeder gern. Für das Kind war es eine Niederlage, nicht mit den anderen Kindern spielen zu dürfen.

Wir Kinder sind in Wien geboren, haben zwar einen Zigeunernamen, was mir in meinem späteren Leben gar nicht geschadet hat. Ich habe als Sozialpädagogin gearbeitet, weil mich das interessiert hat und weil ich mich engagieren wollte. Ich habe behinderte Menschen betreut und mich genauso gut gefühlt wie unter meinen Leuten hier zu Hause. Wenn man nicht ungut auffällt, gibt es keine Vorurteile.

Da wir keine eigene Heimat haben, suchen wir uns dieses Land, wo wir leben können. Mein Sohn hat Einzelhandelskaufmann gelernt. Doch was nützt ihm das, wenn er nirgends eine Arbeit bekommt, er nicht sagen darf, daß er ein Zigeuner ist.

6.
Unsere Volksgruppe, von der ich abstamme, nennt sich Lowara. Wir nennen uns nicht Roma, sondern Rom. Das Wort Rom bedeutet Zigeuner, nicht Mensch, sonst wären nämlich alle Menschen Roma. Die Lowara-Rom sind tschechisch oder ungarisch und verwenden daher viele tschechische oder ungarische Wörter. Zu Hause sprechen wir Deutsch und Romanes, auch meine Kinder. Mit Deutsch sind wir aufgewachsen, aber unsere Muttersprache pflegen wir, die darf nicht in Vergessenheit geraten. Der Rom hat sich durch seine Schweigsamkeit und seine Zurückhaltung in der Öffentlichkeit geschützt, sich dadurch über die Jahrhunderte hinweg seine Eigenheit bewahrt, so daß wenigstens ein bißchen unserer Kultur erhalten ist. Sobald alles der Öffentlichkeit preisgegeben wird, wie das die Forschung anstrebt, geht einfach etwas verloren.

Ebenso wie es sprachliche Unterschiede gibt, unterscheiden sich die Traditionen. Manche leben noch sehr traditionell, während andere sich davon ziemlich weit entfernt haben. Natürlich bestehen auch soziale Unterschiede. Die Lowara waren Pferdehändler und als solche relativ reich im Vergleich zu den Besenbindern oder Löffelschnitzern. Die Kalderasch waren Kupferschmiede. Auch sie waren, verglichen mit den Landarbeitern, eher wohlhabend. Wodurch natürlich die Traditionen entsprechend geprägt wurden.

Also ich kann mich wirklich mit jedem gut verstehen, nur an meinem Brauch und meiner Tradition halte ich fest. Gastfreundschaft wird bei jedem Rom, bei jedem Sinto hochgehalten. Was bei uns sehr wichtig ist: Ältere Leute werden nicht ins Altersheim abgeschoben, sondern leben mit uns, immerhin stammen wir von denen ab. Ohne unsere Vorfahren wären wir nicht auf die Welt gekommen. Sie in ein Altersheim zu geben, das wäre fürchterlich.

Zusammengehörigkeit ist uns wichtig, Feste zu feiern, bei denen die alten Lieder gesungen werden. Und die Frauen besser kochen können.

Wir Roma finden uns zusammen bei Hochzeiten, bei einer Beerdigung, bei Taufen, Geburtstagen, zu Weihnachten und Ostern. Aber vieles ist nicht mehr wie früher. Die Alten sind weg, und die Jungen sind nicht mehr so, wie es einmal war, denn die Jungen distanzieren sich. Man grüßt sich, man trifft einander, aber das innige Zusammensein, wie es noch vor einigen Jahren üblich war, ist verlorengegangen.

Ich bin 1956 von Ungarn rübergekommen, und ich habe die alte Tradition behalten, beherrsche diese Lieder, wie ich sie von den Vorfahren gelernt habe. Wenn wir zusammenkommen, wird gesungen. Die ganze Freude, das Leid, die Art, wie wir leben und wie wir sind, drücken unsere Lieder aus.

Das wollte ich euch noch erzählen: Bei uns gibt es keine Noten. Wir können keine Noten lesen, unsere Musik kommt vom Herzen. Die Musik ist, was den Rom prägt.

Milo Dor

GRENZÜBERSCHREITUNGEN

Immer wenn ich die Grenze unseres Staates überschreite, verspüre ich eine gewisse Erleichterung. Ich verlasse dadurch nicht nur mein Land, sondern auch ein Leben voller Sorgen und Verpflichtungen und trete in eine andere Dimension ein, in der ich mich frei und ungezwungen bewegen kann. Ich bin ein Fremder, von dem man nichts anderes erwartet, als sich möglichst unauffällig zu benehmen und seine Hotel- und Gasthausrechnungen zu bezahlen.
Ich habe irgendwo gelesen, mein geschätzter deutscher Kollege Wolfgang Koeppen habe gern in Hotelzimmern gearbeitet, was ich sehr gut verstehe. Doch ein Hotelzimmer in Österreich würde mir zu wenig Abstand zu meiner Umgebung und zu mir selbst verschaffen. Beim Überschreiten der Grenze schlüpfe ich in eine andere Rolle, in die Gestalt eines Fremden, der alles, auch sich selbst, mit anderen Augen sieht als bisher und manchmal Dinge entdeckt, die er in seinem früheren Zustand übersehen hatte.
Der Zufluchtsort, an dem ich am besten die Rolle des Fremden spielen kann, ist für mich Istrien, die adriatische Halbinsel jenseits der großen Wege, das heißt die Stadt Rovinj an der warmen Küste der Bucht von Venedig, das man mit einem Tragflügelboot oder mit dem Wagen in zwei Stunden erreichen kann, wenn man Bedürfnis nach Abwechslung hat. Früher bin ich ab und zu hingefahren, um die langsam verfallende Pracht der Gebäude beiderseits des Canal Grande zu bewundern und dann eine Stunde vor dem Café Florian zu sitzen und das Menschengewimmel auf dem Markusplatz zu beobachten. Dabei

genoß ich es geradezu, ein Fremder unter lauter Fremden zu sein, den die ganze Geschäftigkeit auf einem der schönsten Plätze der Welt nichts anging.

Nach der dritten Grappa vermischte sich der Anblick des Markusplatzes mit den Gemälden von Canaletto oder Guardi, die sie vor mehr als zweihundert Jahren gemalt hatten.

Man behauptet in Rovinj, man könne an klaren Tagen von der Spitze des Kampanile, der zur Zeit der venezianischen Herrschaft erbaut wurde, Venedig sehen, aber ich kenne niemanden, der imstande wäre, das aus eigener Erfahrung zu bestätigen. Mir genügt es, bei Sonnenuntergang vor einem Gasthaus an der Uferpromenade zu sitzen, aufs Meer hinauszuschauen und die unzähligen Schwalbenschwärme zu beobachten, die aus ihren verborgenen Nestern unter den Dächern der Stadt herausschwirren, um die untergehende Sonne zu begrüßen. Wenn sie schließlich untergeht und die Straßenlaternen noch nicht angezündet werden, entsteht im Widerschein des sterbenden Tageslichts eine plötzliche Stille, die in einem eine unheimliche, aber wohltuende Ruhe verbreitet. In diesen Augenblicken fühlt man sich eins mit allen Leben dieser Erde und mit dem Tod versöhnt. Um solcher Augenblicke willen komme ich immer wieder hierher.

Zu Anfang, vor fünfunddreißig Jahren, kaufte ich täglich alle deutschsprachigen und französischen Zeitungen und brachte sie bündelweise nach Haus. Aber ich ließ sie ungelesen liegen, weil ich vor der Flut der gedruckten Worte Angst bekam. So gab ich es auf, sie zu kaufen. Jetzt begnüge ich mich mit kurzen Fernsehnachrichten, die trotz aller Aktualität wie Berichte über Ereignisse auf längst erloschenen Galaxien wirken.

Über den blutigen Zerfall Jugoslawiens kommunistischer Prägung spricht man hier nicht mehr, schon gar nicht mit einem Fremden. Man versucht ganz einfach, sich im neu entstandenen kroatischen Staat zu arrangieren. Die oppositionellen Zeitungen, in die ich ab und zu einen neugierigen Blick werfe, sprechen von autoritärer Herrschaft, die unter der pseudodemokratischen Tünche alle Bereiche gesellschaftlichen Lebens unter ihre Kontrolle zu bringen versucht, Vetternwirtschaft und

Korruption, doch die Bürger von Rovinj sprechen nicht davon, zumindest nicht mit einem Fremden, der dazu noch serbischer Herkunft ist. Sie reden mit mir über das Wetter, über Hunde und Blumen, machen sich Sorgen über die touristische Saison und die Ausbildung ihrer Kinder, klammern aber dabei jede Beziehung zur Politik aus, als sei die Politik ein Tabu. Die kriegerischen Auseinandersetzungen, die in diesem Land stattgefunden hatten, scheinen bei den meisten Bürgern einen totalen Rückzug ins Private bewirkt zu haben.

Während meine Nachbarn im Schatten des vereinten Europa ihr bescheidenes Glück zu verwirklichen suchen, könnte ich wieder, wie viele Jahre zuvor, in aller Ruhe an meinem Alterswerk herumbasteln oder eine Art Tagebuch führen über das allmähliche Nachlassen meiner Seh- und Hörwahrnehmungen, so daß ich zuweilen Menschen sehe, die schon längst tot sind, und Sätze höre, die niemand gesagt hat. Dieses Nachlassen meiner Lebenskräfte zwingt mich auch zu einem langsameren Gang. Ich erwische mich immer wieder dabei, wie ich gemessen daherschreite, wie mein Großvater oder mein Vater im hohen Alter, und muß darüber lachen. Dann beschleunige ich den Schritt, verfalle aber bald darauf in den schleppenden Trott, der mir angemessen zu sein scheint. Ich habe sie beide, wie es bei den orthodoxen Christen der Brauch ist, im offenen Sarg gesehen und habe keine Angst vor dem Tod. Ich weiß, daß ich in absehbarer Zeit sterben werde, und habe mich damit abgefunden. Mich empört nur der Tod von Menschen, deren Leben gewaltsam beendet wird. Niemand hat das Recht, im Namen einer fadenscheinigen Ideologie oder einer wackligen religiösen Weltanschauung das Leben anderer Menschen zu vernichten. Und das geschieht tagtäglich, nicht nur im fernen Asien und Afrika, sondern auch in unserer unmittelbaren Nähe.

Da handelt es sich um ganz andere Grenzüberschreitungen als meine harmlosen Spielereien eines Reisenden, dem das Fremdsein zu einer schärferen Wahrnehmung der Geschehnisse und Dinge um ihn herum verhilft. Dort ist das Fremdsein ein tödliches Spiel.

Wir haben uns schon daran gewöhnt, Bilder von ausgemergelten schwarzen Kindern zu sehen, die einen mit großen, traurigen Augen anblicken, in denen sich das ganze Elend der Menschheit spiegelt. Ich kann mich nicht daran gewöhnen und weine oft aus Wut über meine eigene Ohnmacht, die mich dazu verurteilt, untätig zuzusehen, wie Hunderttausende unschuldige Kinder verhungern, weil unsere kläglichen Spenden nicht ausreichen, ihnen ein menschenwürdiges Leben zu ermöglichen. Wir sehen ohnmächtig zu, wie primitives Imponiergehabe große asiatische Staaten wie Indien und Pakistan dazu verleitet, Atombomben zu zünden, um einander zu drohen, anstatt sich darauf zu konzentrieren, ihren Bewohnern Arbeit und Brot zu sichern. Wie überall auf der Welt dienen die großspurigen nationalistischen Gebärden und Aggressionen zur Ablenkung und Vertuschung von wirklichen Problemen, die säbelrasselnde Bramarbasse nicht imstande sind zu lösen.

Nach langem Hin und Her scheint die Europäische Union entschlossen zu sein, wenigstens in unseren europäischen Gefilden ein neuerliches Debakel wie in Bosnien zu verhindern, bei dem Hunderttausende Menschen ums Leben gekommen sind und mehr als eine Million ihr Hab und Gut und obendrein ihre Heimat verloren haben.

Die blutigen Auseinandersetzungen im Kosovo, welche die langsam selbstbewußt gewordene Europäische Union durch rege diplomatische Tätigkeit und Androhung einer militärischen Intervention, aber immer noch mit kräftiger amerikanischer Unterstützung zu beenden versucht, waren schon lange programmiert. Der aus mittleren kommunistischen Kadern Tito-Jugoslawiens hervorgegangene Bankfachmann Slobodan Milosevic hob 1989 die Autonomie der zwei Millionen Kosovo-Albaner auf, die ihnen Tito fünfzehn Jahre zuvor gewährt hatte, und leitete damit den Zerfall der föderativen Volksrepublik Jugoslawien ein. Die nationalistischen Parolen der serbischen Führung, die sich noch immer kommunistisch nannte, erschreckte die führenden Gremien in anderen Republiken so sehr, daß sie in der Trennung ihr Heil suchten. Wie grausam das vor sich ging, ist allgemein bekannt.

Seltsam dabei ist, daß sich die Albaner im Kosovo ruhig verhielten, obwohl sie erste Opfer der serbischen nationalistischen Aggression waren. Als die Behörden Restjugoslawiens ihre Presse, ihre Schulen und ihre Universitäten schlossen, gingen sie dazu über, ihre Kinder in Gruppen zu Hause zu unterrichten. Jeder halbwegs logisch denkende Mensch konnte sich ausrechnen, daß dieses von einer Minderheit in ihrem Gebiet unterdrückte Volk eines Tages sein Recht fordern würde. Der Schriftsteller Ibrahim Rugova, den die große Mehrheit der Kosovo-Albaner bei illegalen, aber korrekt durchgeführten Wahlen zum Präsidenten gewählt hatte, setzte auf Zeit und passiven Widerstand.

Die Kosovo-Albaner unter seiner Führung boykottieren alle offiziellen Wahlen, weil sie sich von der serbischen Spezialpolizei besetzt fühlen, was sicherlich stimmt. Damit geben sie aber auch jeglichen Anspruch auf, ihre Vertreter sowohl in das serbische als auch in das jugoslawische Parlament in Belgrad zu entsenden, wo sie vielleicht doch einige Zugeständnisse zugunsten ihres Volkes durch Bündnisse mit den dazu bereiten kleineren Oppositionsparteien der auf den nationalistischen Kurs eingeschworenen serbischen Regierung abtrotzen könnten. Die Verweigerung der Gesprächsbereitschaft der Kosovo-Albaner, solange die Polizei auf ihrem Gebiet die Besatzungsmacht spielt, ist eher verständlich als die sture Haltung Slobodan Milosevics, den manche offenbar zu Unrecht für einen Realpolitiker halten, weil er sich ab und zu angepaßt hat, um sich an der Macht zu halten.

Die neuen Machthaber im restlichen Jugoslawien haben es verabsäumt, sich mit den anderen Völkern zu arrangieren, die in ihrem Staatsgebiet leben und ein gutes Drittel der Bevölkerung ausmachen. Es wäre logisch gewesen, in die Föderation, die nur mehr aus Serbien und Montenegro besteht, auch die Kosovo-Albaner und das Vielvölkergemisch der Wojwodina einzubeziehen, die unter Tito autonom waren. Statt dessen entschieden sie sich für eine totale Nichtbeachtung der Rechte aller Minderheiten, die zuweilen so groß sind, daß man sie nicht als Minderheiten bezeichnen kann.

Das jüngste verbale Einlenken des Herrn Milosevic, den Kosovo-Albanern doch eine Autonomie zu gewähren, die er ihnen selbst 1989 entzogen hat, kommt viel zu spät. Nicht nur die rebellischen Gruppen der Albaner, die genauso wie ihre Widersacher von Blut und Boden faseln, sondern auch manche der gemäßigten Politiker um Rugova wollen sich nicht mehr mit der in Aussicht gestellten Autonomie begnügen und fordern einen eigenen Staat.

Das bringt wiederum die Großmächte in Verlegenheit, die lautstark von Menschenrechten und Selbstbestimmung reden, weil sie Angst davor haben, daß der Funke des neu entflammten albanischen Nationalismus nach Mazedonien und Griechenland überspringen könnte, wo es auch eine beträchtliche albanische Minderheit gibt. Deshalb plädieren sie für den Verbleib des Kosovo in den Grenzen Jugoslawiens. Der Sonderbotschafter Richard Holbrooke, der sich um das Zustandekommen des Dayton-Abkommens und damit des Friedens in Bosnien verdient gemacht hat, versucht beharrlich, die Vertreter der Serben und Albaner an den Verhandlungstisch zu bringen.

Wie immer der unter Holbrookes diplomatischem Geschick und dem Druck der UNO erreichte Kompromiß auch aussehen mag, wird er nur eine vorläufige Lösung sein. Es geht schließlich darum, weiteres Blutvergießen und die Vertreibung der albanischen Bevölkerung aus dem Kosovo zu verhindern. Die Geschichte kennt ohnehin nur vorläufige Lösungen. Allein der Tod ist endgültig. Der erste jugoslawische Soldat, der in dem ihm aufgezwungenen Kampf gegen die albanischen Aufständischen gefallen ist, war ein Rom.

Es ist ein Jahr vergangen, seitdem ich diese Aufzeichnungen im Sommer 1998 niedergeschrieben habe, ein Jahr, in dem auf der ganzen Welt, vor allem aber in unserer unmittelbaren Nähe viele schwerwiegende Grenzüberschreitungen stattgefunden haben. Zuerst hatte es den Anschein, daß die westlichen Großmächte samt Rußland, die viel zu spät auf den Krisenherd Kosovo reagiert hatten, durch erzwungene Verhandlungen eine friedliche Lösung erzielen würden, doch zuletzt scheiterte dieser sicherlich wohlmeinende Versuch, Frieden zu stiften, am

Nein des restjugoslawischen Alleinherrschers Slobodan Milosevic, der keine fremden Truppen, und seien es auch Friedenstruppen, auf seinem Territorium zulassen wollte. Darauf entstanden einige brutale Grenzüberschreitungen, die alle irrational anmuten, als habe die irrationale nationalistische Politik des Herrn Milosevic alle Teilnehmer der Friedenskonferenz angesteckt. Die Spezialpolizei des Belgrader Regimes war schon vorher sehr rigoros gegen die aufständischen UCK-Partisanen im Kosovo vorgegangen, nach der gleichen Methode, die von der SS oder auch Wehrmachtseinheiten in ihrem Kampf gegen die Tito-Partisanen während des Zweiten Weltkriegs angewendet wurde. Die serbische Polizei zernierte mehr als fünfzig Jahre später die Dörfer, in denen sich UCK-Kämpfer befanden oder auch nur vermutet wurden, bombardierte sie und schoß schließlich alle Einwohner nieder, samt Frauen und Kindern, denen es nicht gelungen war, in die Wälder zu flüchten. Ihre Aktion, die wie alle militärischen Aktionen einen Namen hatte und so »Hufeisen« hieß, wurde nach den Bombardements der NATO noch vielfach verstärkt, die auch eine ernste Grenzüberschreitung beging, indem sie ohne Auftrag der schwerfälligen Vereinten Nationen einen Bombenkrieg gegen ein souveränes Land entfachte, um der Dezimierung und Vertreibung der albanischen Bevölkerung aus ihrer kosovarischen Heimat ein Ende zu setzen.

So entstand eine Eskalation der Gewalt, zu deren Folgen »kollaterale« Schäden, das heißt einige hundert durch NATO-Bomben getötete Zivilisten, Tausende durch die Spezialpolizei und paramilitärischen Einheiten der serbischen Ultranationalisten ermordete Kosovo-Albaner und beinahe eine Million aus ihren Häusern vertriebene Menschen zählen, abgesehen von der Vernichtung der wirtschaftlichen Infrastruktur in Restjugoslawien samt Kosovo.

Nach Beendigung der Kriegshandlungen, die durch ein von den Vereinten Nationen abgesegnetes Abkommen herbeigeführt wurde, scheint das Kosovo-Problem leider noch immer nicht gelöst zu sein, genauso, wie ich es geahnt habe. Die Seuche des Nationalismus hat die kosovarischen Albaner erfaßt, deren Fanatiker nun serbische Zivilisten umbringen, ihre Häuser anzünden und die armen Roma sowie ihre eigenen Landsleute, die seit Urzeiten katholischen Glaubens sind, angreifen, weil sie ihrer Meinung nach serbische Kollaborateure seien. Die Friedenstruppen der UNO haben ihre liebe Not, die entflammten Rachegelüste, denen wie immer meistens Unschuldige zum Opfer fallen, einzudämmen und ein normales Leben unter Kosovos Bewohnern zu sichern, so wie in Bosnien seit einigen Jahren, in der schwachen Hoffnung auf eine Besserung der zwischenmenschlichen Beziehungen.

Wie viele Grenzen der Vernunft, des Anstands und der Moral müssen noch überschritten werden, damit die Menschen zu einer humanen Haltung gelangen, die sie daran hindert, aus verworrenen Gründen einer trüben, fadenscheinigen nationalistischen Ideologie das Leben ihrer Mitmenschen auszulöschen! Bis es soweit ist, werde ich schon jene Grenze überschritten haben, hinter der es nichts mehr gibt. Aber ich gebe die Hoffnung nicht auf.

Karl-Markus Gauß

GRENZE

Die Geographen sprechen von einer natürlichen Grenze, wenn Staats- oder Hoheitsgebiete von Flüssen, Bergesgipfeln, Sümpfen oder Bannwäldern begrenzt werden. Doch außer der Tatsache, daß diese Flüsse nicht erst von Menschenhand umgeleitet, diese Berge nicht mühsam errichtet werden mußten, sondern schon vor den Menschen da waren, ist an ihnen nichts natürlich. Es gibt keine natürlichen Grenzen, was wiederum nicht romantisch heißen mag, daß die Grenzenlosigkeit der natürliche Zustand von Menschen, Gruppen, Staaten wäre. Alle Grenzen sind erfunden, sind, auch wenn sich ihr Verlauf an der Natur orientiert, künstlich gezogen, menschengemacht, aus Verabredung und Kampf hervorgegangen, auf Konvention und Gewalt gegründet. Man könnte annehmen, daß gerade jene Grenzen, die für natürlich gelten, weil ein dramatisches Zeichen der Natur sie markiert, dem geschichtlich ausgeformten Leben dieses Raumes besonders oft widersprechen. Denn das Leben zielt historisch schon früh darauf ab, die Hindernisse, die die Natur dem Menschen entgegenstellt, zu überwinden, so daß sich Gemeinschaften in ihrer wirtschaftlichen Existenz und in ihrer kulturellen Entfaltung selten allein an dieser Seite eines Flusses oder nur im jenseitigen Schatten eines Berges ansiedeln, sondern, entgegen dem Gesetz der Trägheit, den Fluß überschreiten, das Gebirge überqueren, durchstechen, umrunden. Ob es sich um die Basken, Tiroler, Slowenen handelt, die großen Gebirgskämme waren ihnen nie die natürliche Grenze, über die sie sich auszudehnen scheuten, vielmehr Anreiz, am Handel und Wandel zu beiden Seiten initiativ zu werden.

Sowenig es natürliche Grenzen gibt, so sinnlos ist die Mühe vergeudet, das logische Prinzip zu suchen, nach dem in Europa die Grenzen übersichtlich und konfliktfrei zu ordnen wären; denn gleich, welches geographische, kulturelle, religiöse, sprachliche, historische Kriterium gewählt wird, sie vorgeblich gerecht zu ziehen, immer ist die Grenze auch eine Verletzung von individuellen und kollektiven Ansprüchen, denen sie entgegensteht. Denn die Grenze ist keine Erfindung der Menschen an der Grenze, sondern der Zentralen. Die Macht ist im Zentrum zu Hause, und sie sucht ihre Ausdehnung gerade dort zu erweisen, von wo sie am weitesten entfernt ist, an den Rändern. Die Grenzregion selber hat zumeist ganz andere Interessen als das Zentrum, ihr mag der Anwohner auf der anderen Seite von Tradition und Gewohnheit näher und in seiner Nähe auch ökonomisch praktischer sein als die ferne Metropole, und nicht selten werden zu beiden Seiten der Grenze dieselben Lieder, freilich in anderen Sprachen, gesungen, Lieder, die in beiden Zentren längst keiner mehr kennt oder die dort schon für lächerlich gelten. Ist die Grenze auch gemäß dem Willen des Zentrums entstanden, so ist doch selbst für ihre Anwohner nicht entscheidend, ob es sie gibt und wie im einzelnen ihr Verlauf ist. Eine Grenze muß keine Wunde sein, die durch das ökonomische und soziale Leben eines Gebietes schneidet und, fortschwärend, eines Tages aufbrechen wird; nicht daß es sie gibt, prägt das Leben diesseits und jenseits von ihr, sondern was sie verhindert und was sie ermöglicht, den Verkehr von Menschen und Ideen, den Austausch von Waren und Gebräuchen, die Überschreitung als alltägliche Gewohnheit oder als außergewöhnliches Ereignis.

Als ich ein Kind war, hörten wir im Radio oft von einem Eisernen Vorhang reden, der uns sehr beschäftigte, und natürlich nahm ich mit meinen Gefährten die bildhafte Wendung konkret, sah einen Vorhang, der irgendwo auf freiem Felde herabgesunken war, eiserne Falten werfend, und wir fragten uns das Naheliegende und Praktische, wie so ein Vorhang auf einer Wiese angebracht werden konnte, woran er hing, ob er heruntergelassen oder, mehr ein Zaun als ein Vorhang, aufgestellt worden war ... Der Eiserne Vorhang, das war die eine Grenze, von der wir wußten, eine mythische Grenze, denn wir kannten in jenen späten fünfziger Jahren keinen, der sie je überschritten hätte und erzählen konnte, wie es mit diesem Vorhang ist, der zwei Welten trennt und den ganzen Tag und die ganze Nacht, bei jedem Wetter in einer düsteren Gegend steht, die das Niemandsland heißt, ödes, menschenleeres Land, in dem niemand zu leben wagt und nichts sich rührt; vielleicht daß ein Hase durch das Niemandsland hoppelt, sagte uns ein Erwachsener, der Hase weiß nicht, daß es verboten ist, im Grenzland unterwegs zu sein, und wir sahen einen Hasen, der über das Feld jagte, die Grenze ist ein tödliches Niemandsland, durch das grenzenlos einsam ein Hase läuft.

Die andere Grenze war die deutsche, die ins nahegelegene Freilassing wies, und, im Sommerurlaub, die italienische mit ihrem faszinierenden Grenzort Tarvis. Nach Freilassing fuhren allwöchentlich die Hausfrauen von Salzburg, die dann mit einer Tasche voll Lebensmitteln heimkehrten, die es nur in Deutschland gab oder die in Deutschland ein wenig billiger waren, Schmuggelgut eines kleinen Grenzverkehrs, der von der Obrigkeit zur Empörung der ansässigen Kaufmannschaft milde geduldet wurde. Das italienische Tarvisio machte da schon einen ganz anderen Eindruck als das steppenlangweilige Freilassing, der ganze aufgeregt vibrierende Ort schien seine Existenz ausschließlich dem Schmuggel zu verdanken, und Schmuggel, wie er zur Grenze gehört, mußte etwas ungemein Belebendes sein, das Wohlstand schuf und glücklich machte, denn kofferraumweise wurden die Märkte von enthemmten Österreichern, Deutschen, Holländern leergekauft, und doch waren all die Geschäfte, Buden und Regale beim nächsten Mal wieder randvoll angefüllt mit Lederjacken und Geschirr, mit Rotwein, die Flaschen hübsch in Bast gewickelt, und Nudeln, Käse, Obst. Diese andere, gar nicht furchterregende, militärisch bewehrte Grenze war ein einziger Kaufrausch, und die Zöllner, die die österreichische Wirtschaft vor den österreichischen Konsumverrätern zu schützen hatten, waren machtlos vor der Masse an Schmugglern, die so zahlreich kamen, daß es unmöglich war, sie alle zu kontrollieren. So gelangten die allermeisten dieser wohlanständigen, auch als Amateure durchaus begabten Urlaubsschmuggler unbehelligt in ihre Heimat, und mit ihrer kleinen Übertretung hatte ein jeder von ihnen nicht nur diese Tasche aus fragwürdigem Leder oder jene Flasche Rotwein erstanden, sondern sich auch ein Stück Welt nach Hause mitgenommen, das, selbst als billiges Konsumgut, daran gemahnte, daß es außerhalb des eigenen Kreises etwas zu entdecken und zu genießen gab, daß die Welt groß, reich, vielfältig, anders war und man sie sich auch mutig gewinnen mußte.

Mit dem Beitritt Österreichs zur Europäischen Union hat sich der Charakter der österreichisch-italienischen Grenze völlig verändert. Indem die Europäische Union den Schmuggel legalisierte, hat sie ihm den Stachel des Verbotenen gezogen und das, was als eine Form der Weltgewinnung von Strafe bedroht war, zur zweckfreien Lust am Kaufen geläutert, welcher zu frönen staatlich nicht nur erlaubt ist, sondern von den transnationalen Obrigkeiten sogar erwünscht und gefördert wird. Wer sich über der Grenze versorgt, der verstößt gegen kein Gebot mehr, sich auf das zu bescheiden, was ihm sein Vaterland anzubieten hat, sondern befolgt die Anweisung, sein grenzenloses Europäertum als unermüdlicher Konsument zu bestätigen. Der Einkauf drüben, der vorher, so spießig der einzelne Schmuggler gewesen sein konnte, immer auch eine praktizierte Grenzüberschreitung war, also ein europäischer Reflex, der unwillkürlich wider Enge und Zwänge der staatlichen Ordnung Europas verstieß, ist nun zum Akt geworden, mit dem einer sein bürokratisch verbürgtes Europäertum pflichteifrig mit Konsumleben erfüllt. Wo schon zu Zeiten der Venezianer und Habsburger emsige Schmuggler in beiden Richtungen unterwegs waren, um zum Nutzen der Grenznachbarn auf Saumpfaden und Bergsteigen Waren von hier nach dort zu bringen, ist eine alte Grenzregion rasant zur beliebigen Gegend verkommen, kein gefährliches Niemandsland, aber gefährdetes Land, dem seine Geschichte entzogen wurde und das sich selbst abhanden kommt. Indes die österreichischen Schmuggler Grenzkontrollen und Zöllner nicht mehr zu fürchten brauchen, müssen sich die italienischen Händler gegen die Konkurrenz anderer Umschlagplätze des Konsums behaupten, deren Reiz statt in dem verblassenden einer Grenze von gestern vielleicht darin liegt, daß sie Shoppingcenter samt Sauna und Erlebnisrestaurant anzubieten haben.

Auf die andere Seite, gegen den abgeblockten Osten hin, ist der Eiserne Vorhang längst gefallen, und Ziegelstein für Ziegelstein wurde die Berliner Mauer, Signum der Teilung Europas, inzwischen an Devotionalienhändler vergangener Despotien verhökert. Doch wo der Eiserne Vorhang mit dramatischer medialer Inszenierung abgeräumt wurde, als gelte es ganz Europa so innig zu vereinen, wie es nie vereint war, ist eine soziale und militärische Grenze geblieben. An die Stelle der vielen, die ausreisen wollten, es aber nicht durften, sind jene getreten, die einreisen möchten, es aber nicht schaffen, das Land, in dem sie vordem festsaßen, jetzt zu verlassen, da sie in ihrer kalten Heimat kein Despot und keine Partei mehr hält. Zurückgehalten werden sie von keinem Eisernen Vorhang, der in ihren Ländern niedergegangen ist, sondern von einem elektronischen Raster, der in den unseren installiert wurde. Die einst von uns verlockt wurden, kühn den Ausbruch aus der kommunistischen Welt zu versuchen und flüchtend die Überlegenheit von Demokratie und Marktwirtschaft zu erweisen, sollen nun bleiben, wo sie sind, und uns die Überlegenheit der Wirtschaft über die Demokratie getrost alleine erweisen lassen. Das Geld, das im kalten Krieg in die mediale Verlockung der Osteuropäer, doch unter Gefahr des Lebens in den freien Westen zu fliehen, investiert wurde, geht heute drauf, jene von ihnen aufzuspüren und rückzuführen, die dem Appell um ein paar Jahre verspätet zu folgen suchen. Was die Bundesrepublik Deutschland einst aufwandte, um die Schwaben und Sachsen aus dem Rumänien Ceaucescus herauszukaufen, 8.000 bis 15.000 Mark pro Kopf, je nachdem, wozu dieser in Deutschland zu verwenden war, das pulvert sie heute in den Bau schmucker Altersheime in Transsilvanien; vorbehalten sind diese den spärlich im Lande verbliebenen Siebenbürgen und Banatern, die sich einst weder den Schikanen der rumänischen Behörden beugen noch den Verlockungen der Deutschen Mark ergeben, sondern in ihrem jahrhundertelang angestammten Lande bleiben wollten; damit sie nicht womöglich auf die Idee verfallen mögen, den Lebensabend doch in der Umgebung ihrer außer Landes geekelten Kinder und nach Deutschland gelockten Enkel verbringen zu wollen, wird nun weiterhin viel Geld nach Rumänien transferiert: Jetzt, da die siebenbürgischen Dörfer menschenleer geworden sind, Zeugen einer wahrlich erfolgreichen deutsch-rumänischen Zusammenarbeit, jetzt also, da die deutschsprachige Bevölkerung einem tragischen Ende ihrer jahrhundertelangen Anwesenheit in Transsilvanien entgegensieht, soll das deutsche Geld nicht mehr möglichst viele zum Aufbruch nach Deutschland verleiten, sondern zum Bleiben in Rumänien bewegen: Die früher zum Arbeiten heim ins mythische Mutterland gerufen wurden, sollen sich jetzt zum Sterben in der Ferne, aber in deutschen Altenheimen, niederlegen.

Der klirrende Wettkampf der Systeme ist binnen kurzer Frist zum europäischen Experiment mutiert, ob sich eine gigantische Zollfreihandelszone über die Blöcke von gestern hinweg etablieren und halten läßt, ohne daß allen ihren Bewohnern die volle Freizügigkeit zugestanden werden müsse. Von einem »grenzenlosen Europa«, wie es noch vor zehn, fünfzehn Jahren die Enthusiasten des vereinten Europas zu beschwören pflegten, ist da keine Rede mehr; die Europäer der Union zumal haben sich von jener Losung mehr erschreckt, denn beglückt gezeigt, würde sie doch nicht allein verheißen, daß ganz Europa ein riesiges Warenhaus ohne Ladenschlußzeiten wird, sondern auch, daß wir uns darin mit den Nomadenscharen Osteuropas raufen müßten. Das Problem, wie der Supermarkt Europa seiner einwohnenden Käuferschaft das freie Shopping durch alle Abteilungen erleichtern, Unbefugten den Eintritt von außen aber strikte verweigern könne, sucht das Schengener Abkommen zu lösen, das 1985 im luxemburgischen Schengen vereinbart wurde und mittlerweile in Kraft getreten ist. Das Schengener Abkommen möchte im Inneren die Grenzen für Arbeitskräfte und Konsumenten aufheben, sie nach außen hin aber als Grenze eines gemeinsamen Blockes zur uneinnehmbaren Festung sichern. Die elektronische Sicherung, wie sie dafür vonnöten ist, mag zwar die Grenzen für unerwünschte Grenzgänger schließen, dafür öffnet sie ungeahnte Möglichkeiten der Datenüberwachung, die Europa zum gelobten Land hochtechnologischer Observation, einer Bürokratie neuen Typs, machen. Schon kurzfristig erniedrigt das Schengener Abkommen einige Beitrittsstaaten wie Österreich dazu, den Wächter in der Grenzmark abzugeben, dessen heiligste europäische Mission es ist, die Menschen nach den verschiedenen Klassen ihrer europäischen oder außereuropäischen Identität zu sichten und zu sortieren. Bei dieser verantwortungsvollen Tätigkeit soll es eine Hilfe sein zu erfahren, daß dereinst, da die Menschen noch nicht von Osten nach Westen, sondern umgekehrt vom Westen in den Osten strömten, für den Ort ihres stolzen Wachens kein deutsches, sondern nur ein polnisches Wort in Verwendung stand – die Grenze nämlich ist vom alten polnischen »Granica« über das mittelhochdeutsche »greniz« auf uns überkommen, aber man merkt ihr diese europäische Wanderung heute nicht mehr an.

Arno Geiger

AN DEN FREUND TOBI

*EC Michelangelo, Innsbruck–Roma. Donnerstag.
Mittags.*
Lieber Tobi, dieser verdammte Zug hat bereits vierzig Minuten Verspätung. Den Zug in Bologna, in dem ich Franz treffen will, werde ich nicht erreichen. Aber was erreichen wir schon? Und wenn wir das begriffen haben: Was kann uns schon passieren? Jeder Zug führt uns zu einem Frisiersalon. Und das ist beruhigend.
In den Frisiersalons fällt einem das Denken überraschend leicht (Ann sagt das in »Irrlichterloh«, Kapitel 5). Und so sehe ich diese Fahrt ganz im Sinne Pablo Nerudas: *Ich gehe in die Frisiersalons / Ich gehe und komme von den Grenzen. / Ich fordere Stellungnahme, und ich beziehe Stellung. / Doch sollte einer mehr wissen wollen, / So geraten meine Wegweiser durcheinander ...*
Eigentlich weiß ich sehr wenig. Und trotzdem (*trotzdem* bleibt das wichtigste Wort für mich) ist es schön, daß die letzten zwei Jahre so und nicht anders verlaufen sind, mit all den vielen Stürzen und dem sich Aufrappeln und dem sich nach Beschädigungen abtasten.
Ich bin zu neuen Stürzen bereit.
Warum? – Weil die Tage reicher geworden sind, auch in der Unsicherheit, vielleicht gerade wegen der zunehmenden Unsicherheit, in der ich gewissenhafter Platz suchen muß.
Ich meine das gar nicht theoretisch, sondern sehr persönlich, also, daß ich – trotzdem – die Fäuste in die Seite stemme oder drauflosmarschiere wie Joseph Beuys auf diesem Plakat: fron-

tal, in Feldmontur, mit Tornistertasche und geballter Faust, auf den Betrachter zuschreitend. Das Foto ist von unten aufgenommen, so daß man die Schuhsohle des ausschreitenden Fußes sieht.
Kurzum: Auch ein Ausschreiten kann eine Stellungnahme sein.
Stell Dir vor: Nachrichtenagenturen berichten: Ausschreitungen auf den südlichen Inseln eines Lebens, das von sich mehr Offenheit, mehr Bewußtheit und mehr Aufrichtigkeit fordert. Und mehr Mut. Und mehr Unabhängigkeit.

genug für jetzt, lieber wilhelm, ich muß über die schranken (hinweg), bahnfahrend, zwischen den schranken. die eisenbahnen töten den raum (und die geografie), mir bleibt die zeit; dich mit dem zug noch im herzen zu schaukeln. – ende.

Nachmittags.
Eben habe ich in Bologna Franz verpaßt. Aber es war dermaßen knapp und die Züge standen im Bahnhof für einen Moment nebeneinander, wenn auch auf verschiedenen Bahnsteigen, daß ich mich noch immer ärgere. Na ja, letztes Jahr hat es mit dem Treffen in Bologna ebenfalls nicht funktioniert, damals war Franz in den falschen Zug gestiegen, insofern: »grande traditione«.

Jetzt bin ich auch die letzten drei Stunden bis Rom auf mich gestellt und kann weiter darüber nachdenken, wie doch das Leben in letzter Zeit weitergegangen ist, was ich gewonnen und was ich verloren habe. Verloren habe ich ein paar Erfahrungen und gewonnen ein paar Illusionen. Früher war es immer umgekehrt.
Ich erinnere mich gut, wie ich vor zwei Jahren, ebenfalls um diese Zeit, von Vorarlberg nach Wien bin, um dort mein Leben mit K. aufzulösen. Ich hatte, ich sage das feststellend (nicht pathetisch), ein gebrochenes Herz. Und dieses Herz war im Jahr darauf das größte Fragezeichen in meinem Leben, weil nicht ganz einsichtig war, wie ein Herz, das entzwei ist, wieder ganz werden soll. Je größer meine Ungewißheit war, desto verzwei-

felter habe ich die Bruchstellen belastet und habe zu dem Zeitpunkt meine Fantasien an praktisch jede akzeptable Frau gehängt. Ich war doch sehr angeschlagen und liebesbedürftig und brauchte ein Gegenüber. Hart gesagt: Ablenkung. Und die Windmühlen aus Kapitel dreizehn haben mich in den Staub geschleudert. Ich habe verloren und wieder verloren und dann wieder und stand doch irgendwann da wie Hans im Glück, der, als ihm zuletzt sein Mühlstein in den Brunnen gefallen war, auf die Knie ging und Gott mit Tränen in den Augen für diesen neuerlichen Verlust dankte: Er sei jetzt der glücklichste Mensch auf Erden, frei von aller Last.

Der Akku von meinem Notebook ist gleich leer. Bis Rom sind's noch anderthalb Stunden.

lieber wilhelm, insonders hochzuschätzender freund, mach's gut, bis hoffentlich bald. du weißt, noi facciamo la rivoluzione, la rivoluzione siamo noi. – ende.

Rom. Donnerstag.
Abends.
Normalerweise nennen wir »abgeklärter werden«, was in Wahrheit nur eine Zunahme an Härte und Kälte ist. Wir haben einmal darüber gesprochen. Mir kommt es aber so vor, als ob ich eben in dem Moment, in dem ich auf alles den Hut geworfen hatte, wieder fähig war, auf andere zuzugehen – mit der nötigen Offenheit, Bewußtheit, Konsequenz, mit dem nötigen Mut und der nötigen Aufrichtigkeit. Gerade das Wissen darum, im Totalen allein zu sein, ist vermutlich die beste Voraussetzung dafür, sich anderen zuzumuten. Oder: Das Wissen um seine eigenen Unzulänglichkeiten (*langen* im Sinne von *hinreichen*) und um die Unzulänglichkeiten der anderen schafft ein Minimum an Voraussetzung, sich über die Schranken, die uns naturgemäß trennen, hinwegzusetzen. Wir berühren uns dann *trotzdem*, trotz aller Unzulänglichkeiten (ich denke hier an die sich nur so eben erreichenden Finger an der Decke der Sixtinischen Kapelle).

Also: Ich bin allein und weiß es. Und ich habe – deshalb – wieder ein ganzes (ganz ungeflicktes) Herz. Und auf diesem Weg komme ich, gehe ich, setze ich gedanklich zu den nachmittäglichen Illusionen über (die ich gewonnen habe): Eben weil das Herz, wenn es ganz ist, nie aufhören kann töricht zu sein, sind Illusionen der beste Indikator, ob man es wagen kann, so ein Herz zwischen die Zähne zu nehmen und zuzubeißen.
Ich kann zubeißen, denn – die Beweisführung: Wir malen uns aus, mit Plastikeimer und Plastikschaufel die Nationalbank anzugraben, wollen ein bäuerliches Castello in der Toskana mit zwei noch unbekannten Frauen und einem guten Dutzend zusammengewürfelter Kinder bevölkern, den deutschen Roman vor dem Untergang bewahren, das europäische Kino retten und und und. Da sage noch einer, wir seien illusionslos geworden, härter, kälter, irgendwann. Keine Spur. Glücklicherweise.
Ich sitze im Gästezimmer einer Wohnung in Rom (in meinem römischen Frisiersalon) und träume (denke) mit äußerster Hingabe und vollkommenem Talent vor mich hin und halte, was ich träume (denke) für durchaus möglich. Untertags habe ich, zum Zugfenster raus, schon diverse »Immobilien« ins Auge gefaßt, Postkarten an Adressen verschickt, die ich nicht kenne, kleine Kinder mit zum Friseur genommen.
Wir sind schon verrückt, himmelherrgott, auch hier: glücklicherweise.

Lieber Tobi, momentan wäre ich zu jedem Übermut bereit (zu jedem Ausschreiten, zu jedem Überspringen), ohne Rücksicht auf Konventionen und Spatzen, die in irgendwelchen Händen sind. Wie gesagt, für ein glückliches Jahr in der Toskana, mit einem großen Tisch unter einem großen Baum, schlüge ich mein ganzes Geld und die Lebensplanung von ich weiß nicht wem (was mich eigentlich nichts angeht – aber ich weiß es – also!) in den Wind, genau. Das wär's mir allemal wert. Stell Dir vor, für ein Jahr einen Platz im Leben haben (Stellungnahme fordern und Stellung beziehen; inklusive Ausschreitungen) und hinterher weiterrackern oder bleiben, wo man ist, am großen Tisch unter dem großen Baum.

Rom. Freitag.
Mittags.
Wenn ich Franz, Maddalena und den Kindern beim Familienleben zuschaue, komme ich mir lächerlich vor mit all meinen Erzählungen und Romanen und was sonst noch an Textilien vorhanden ist. Gleichzeitig packt mich der Zorn und das Bewußtsein, daß die einzige Rechtfertigung für mein Tun sein kann, Texte zu schreiben von äußerster Härte und Unerbittlichkeit (auch hier zusätzlich: Offenheit, Bewußtheit, Mut, Aufrichtigkeit, Unabhängigkeit). Also denke ich über weitere Stoffe zu Erzählungen nach und über die »Hochzeitskapelle«. Außerdem lese ich in der NZZ sehr aufmerksam Annoncen über Liegenschaften in Italien. Ich sag's Dir, das ist alles gar nicht so teuer und jedenfalls finanziell machbar. – Du siehst, das wächst sich ganz allmählich zu einer fixen Idee von mir aus, und ich kann das nur gutheißen. Ist zwar ein rein hypothetischer Ansporn zu harter Arbeit, aber vielleicht ein desto wirkungsvollerer.
Ich möchte mir nichts ersparen und die Dinge als nicht von Dauer geprägt sehen, nur von Intensität.
Du weißt, was beunruhigt, hat Potential.

genug für jetzt, lieber wilhelm, unnötig zu sagen, daß all mein sinnen weißes blut haben und durch wände gehen will. – ende.

Eine Stunde später.
Franz und ich haben das »Hauptauto« vom Service abgeholt, und ich bin mit dem »Nebenauto« nach Hause gefahren, im römischen Verkehr, sehr wildsäuisch, nach meinem Empfinden, zurückhaltend bis zur Schmerzgrenze, nach Franzens Empfinden, der unmittelbar vor mir fuhr, damit ich nicht verlorengehe mitsamt dem Uno. Kindskopf, der ich bin, macht es mich ganz stolz, in Rom Auto gefahren zu sein.

Abends.
Ich will jetzt ganz unbedingt so viele Funken wie möglich aus meinem Unterwegssein schlagen. Ich bemühe mich, so aufge-

kratzt und wundgeschürft, also offen, wie möglich zu sein, und bin fest entschlossen, ganz unerbittlich weiterzuarbeiten und weiterzuleben. Ich glaube, man sollte auch unerbittlich leben, im positiven Sinn und nicht den anderen, aber mir selber gegenüber. Die andern betrifft es früh genug.

ich hatte seit monaten nicht mehr so viel positiven zorn, ein zorn, vermischt mit verantwortungsgefühlen, trotzdem (trotzdem trotzdem) bedingungslos, lieber wilhelm, noi facciamo la rivoluzione, mit tornistertasche und geballter faust. – ende.

Rom. Samstag.
Mittags.
lieber wilhelm, fand heute vormittag als kindermädchen verwendung, fühle mich den kleinen fürzen sehr verwandt. – ende.

Nachmittags.
Diese momentane Untätigkeit macht mich nervös, andererseits ordnet sie meinen Verstand; der kommt mir durchaus angefochten vor, vor allem, weil ich mich ständig wiederholen will.

lieber wilhelm, ich werde die fantasien in realitäten ummünzen, sie ohne viel wechselverlust konvertieren. – ende.

Rom. Sonntag.
Morgens.
Wie kann ich mir Rom anschauen, wenn ich die vollgeschriebene (gedachte) Hand vor den Augen habe? – In welcher Beziehung steht Rom zu dem, was ich denke? – Ich werde in die Stadt gehen und versuchen, das herauszufinden.

Mittags.
Lieber Tobi, eine Schwärmerei taugt nichts. Sie ist immer etwas Unaufrichtiges oder – noch schlimmer – Unfähigkeit, Dummheit, Feigheit. Entweder ich packe die Dinge frontal an (auch hier Schranken und Wände), oder ich drehe mich um und gehe meiner Wege, daß die Absätze knallen.

Eine Affäre, die von vornherein als solche angelegt ist, beschämt mich am Ende nur. Insofern kann ich mir den Weg nach Leipzig sparen. Sich verweigern ist doch allemal spannender als sich verharmlosen.
Kurzum: Ich habe mich für etwas Besseres vorgesehen.

EC Michelangelo, Roma–Innsbruck. Montag.
Vormittags.
Ich bin ganz froh, wieder nach Österreich zurückzukehren, betrachte das momentan als den Ort meiner Fäuste (so im Sinne von Borges und seiner Vorstadtheldenromantik mit Tango und Messerstecherei. – Borges wäre heuer hundert geworden. Franz schreibt an einem Artikel).
Jedenfalls: In Rom, selbst in den Vorstädten, kann ich derzeit nur flanieren. Ich bin aber lieber ein verwundeter Raufbold in der Provinz (*Der Tango machte mit uns, was er wollte.*) als ein Flaneur in der Großstadt. Wenn ich dann eines Tages aussehe wie ein zerfetzter Dorfkater, kann ich mir immer noch auf einer sonnenbeschienenen Piazza die Narben wärmen lassen.
Apropos Piazza: Franz hat mir das Haus gezeigt, in dem ich im Dezember wohnen werde: gleich bei der Piazza Navona.

Mittags.
Kurz vor Verona: Anstatt mir Gedanken über meine Arbeit zu machen, träume ich weiter vor mich hin und beziehe mit äußerster Eigenmächtigkeit sich in völliger Unkenntnis befindliche schöne Frauen in die abenteuerlichsten Lebenskonzepte ein. Das Verfängliche daran ist weniger, daß ich mir keine Zurückhaltung zumute, sondern die Selbstverständlichkeit, mit der ich alles Hinderliche ausspare: In diesen Glücksentwürfen gibt es keine Vergangenheit, keine Ehemänner oder Freunde, keine quengelnden Kinder, keine Plagerei am Schreibtisch, keine Uhren, kein Geld und und und. Man findet nirgendwo sonst eine Frau mit so offenem Lachen wie in diesen »Ausmalungen«.

Lieber Tobi, Du kannst ruhig überall herumerzählen, daß ich

meine Illusionen wiedergewonnen habe. Füge auch bitte hinzu, wie sehr ich mir bewußt bin, daß ich – im Totalen – allein bin, daß ich durch Wände gehe, hinlange, auslange. Und: daß ich da draußen bestehe.

Just leaving Verona. Capulets e Montagues: Zwecks Dramatik brauchen wirklich überzeugende Geschichten ein bestimmtes Maß an Fallhöhe, auch bezogen darauf (beruhigend), daß das Risiko, das wir laufen, vor allem wir selber sind. Wir dürfen uns, so gesehen, von nichts abschrecken.

Nachmittags.
Ich bin jetzt am Brenner.

EC 663 Gustav Klimt, Innsbruck–Wien. Abends.
Vierzehn Stunden Zugfahren an einem Stück ist dann doch zu viel. Jetzt werde ich noch fünf Stunden durch Österreich gondeln und bin dann trotzdem erst am Bahnhof. Und obwohl ich mit dem Akku des Notebooks sparsam umgegangen bin, hält er garantiert nicht so lange, wie ich's bräuchte. Zwar hat mir Franz ein Buch mitgegeben, aber das ist nach den ersten Seiten schon so schlecht bei mir angeschrieben, daß ich keine Lust habe, mir damit vor Augen zu halten, daß ich dieser Fahrt ausgeliefert bin, also: dem Zwischen-den-Schranken-Sein, der Geographie der Geleise.
Schade übrigens: Da ich in Innsbruck eine halbe Stunde Aufenthalt hatte, war Zeit genug, mal bei Dir anzurufen, wie's so geht. Aber Du warst nicht zu Hause. Sehr schade. – Je mehr ich darüber nachdenke, was ich hier schreibe und denke, desto klarer wird mir, wieviel Du mir bedeutest. Auch Franz. Er hatte eigentlich damit gerechnet, daß ich erst morgen und dann mit ihm Richtung Mailand fahre. Aber das wäre sich zeitlich mit seinem Zug nicht ausgegangen aufgrund der langen Strecke bis Wien. Wirklichen Grund für meine heutige Abreise gab es in Rom keinen. Na ja, vielleicht das Gefühl, das ich hatte, daß mir der Friseur, die Friseurin (Wer waren sie? Und wie?) den Spiegel vorgehalten und das Tuch von den Schultern genommen

hatten. So in der Richtung: Du hast zu Ende gedacht. Es muß zusammengekehrt werden.

lieber wilhelm, lassen wir im schoße der götter, was andere unter vernunft verstehen. ich nenne es bequemlichkeit, halbherzigkeit, ohne daß das herz gebrochen oder ganz wäre. eine frage der ausdehnung und schrumpfung, du weißt, lieber wilhelm, dritte dimension, eine frage des ausschreitens, durch wände, die wir kennen, und springens, über schranken, derer wir uns bewußt sind. stellungnahme und beweglichkeit – aus dem schwerpunkte des wollens heraus. – ende.

19 Uhr 09: Du alter Saubär bist immer noch nicht zu Hause. Habe wiederholt versucht, Dich anzurufen.
Bis bald,

Arno

Thomas Glavinic

DEADLY DUST

Auf meinen vielen Reisen über den Erdball hat mein Auge vielerlei gesehen, ich habe Schönes erlebt und auch Häßliches, Abenteuer, über die so mancher die Hände über dem Kopf zusammenschlagen würde, doch selten ist mir so Merkwürdiges widerfahren wie in einem kleinen Ort in Österreich, genauer gesagt, in der Oststeiermark.

Ich kam in die Oststeiermark, um einen Prozeß zu führen gegen einen Menschen, der mich verleumdet hatte. Er hatte gesagt, ich sei ein Schreibtischtäter, hätte meine Reisen durch den Wilden Westen gar nicht unternommen, sondern aus drittklassigen Indianerbüchern abgeschrieben und derlei mehr. Ich will auf die Anwürfe gar nicht näher eingehen, der Kerl verdient es nicht. Jedenfalls kam ich in die Oststeiermark. Ich war einen Tag zu früh da und beschloß, die dortigen Wälder zu besuchen. Ich legte meinen Jagdanzug an. Selbstverständlich nahm ich meine beiden Gewehre mit und ließ auch meine Revolver und mein Bowiemesser nicht in der Pension, deren Wirtin eine brave Deutsche mit wettergegerbtem, doch treuem Gesicht war, der man ansah, daß sie sich von den Stürmen des Lebens nicht hatte werfen lassen. Ich hängte mir auch meine Kette um, die mir mein kleiner alter Freund Sam angefertigt hatte und die mit den Siegeszeichen vom Grizzlybären geschmückt war: mit den Zähnen, den Klauen und den Ohrenspitzen.

Ich war eine Weile durch den Wald gewandert, als mir ein Mann in der dort üblichen Kleidung entgegenkam. Er trug ei-

nen grünen Trachtenjanker und einen grauen Hut, in dem verschiedene silberne Abzeichen steckten. Nun ist zu sagen, daß die Ureinwohner der Steiermark, besonders des östlichen Teils, eine sehr eigene Sprache entwickelt haben, die für gewöhnliche Ohren nicht leicht zu verstehen ist, und so verwundert es auch nicht, daß der Mann zu mir trat und mich fragte:
»Wos tan denn Sej dou?«[1]
»Ich gehe spazieren«, antwortete ich schmunzelnd.
»Und wous wouinS mit der Krouchn?«
»Sie meinen die Gewehre? Schießen natürlich!«
Das Männchen begann mir Spaß zu machen.
»Wous?« rief er erschrocken. »Schiaßn wuinS? Jou san Sej a Jaga?«
Ich nickte, obgleich ich es wohl ein wenig anders meinte als er. Der Alte trat einen Schritt zurück und musterte mich von Kopf bis Fuß. »Ouwa gsegn hob i Sej nou nia dou! Von wou sanS denn?«
»Ich bin Deutscher.«
»A, a Deitscha sanS! SanS auf Urlaub dou? WoanS schou beim Wirtn oum? Dou is ana, der hot ah a suichane Puffn we Sej!«
»Sie meinen, der Wirt trägt auch Gewehre?« fragte ich, mir das Lachen mühsam verbeißend.
»Nejt da Wiat! Ana, der ouft hikimmt! Launge Hoa hot er! A Auslända wui! Redn tuat er ni wos! Imma waunn da Schandarm kummt, is er schou wiada wejg! A gschickter Teifl! Sei Krochn hot er sejcha gstuin, wal se Sübanägel ouhm hout! Dejs kaunn sej douch sou a Auslända goa nejt leistn!«
Nun wurde ich hellhörig. Man denke sich, ein Gewehr mit Silbernägeln! Mein geliebter roter Bruder besaß das einzige, das ich kannte! Sollte er hier sein, in der Oststeiermark, und hin und wieder ins Gasthaus gehen?

---

[1] Ich bin kein Gelehrter, sondern Reiseschriftsteller, und so kann ich die Herkunft dieses Idioms nicht belegen. Die Ureinwohner der Oststeiermark, kräftige, breite Menschen mit rosigen Fleischgesichtern, sprechen so, und es gelingt ihnen sogar auf rätselhafte Weise, ihre Worte mit diesem »ou«-Laut zu unterlegen, z. B.: »Ouftn gejmma zoum Bauern!« = »Später besuchen wir den Chef.«

»Schnell, Mann, zeigen Sie mir das Gasthaus und den Ausländer!«
Der Mann wollte sich weigern, ich packte ihn jedoch am Hosenbund, schwang ihn mir einige Male um den Kopf, daß er aufschrie, und als ich ihn niederließ, keuchte er: »Sej san schtoak! Sej san jo schteaka ois da Arnie! KemmanS, i bring Sej hin, ouwa ouftn lossnS mej aus!«
Der Leser hat nun den Dialekt der Eingeborenen kennengelernt und wird mir verzeihen, wenn ich im Sinne der Lesbarkeit von nun ab darauf verzichte, diesen genau wiederzugeben. Wenigstens die »ou«- und »ej«-Laute will ich nun weglassen. Der Leser ist gewiß bereits geübt genug, diese spaßhafte Eigentümlichkeit mitzulesen.
Er leistete nun keinen Widerstand mehr. Wir näherten uns dem genannten Gasthaus. Ich hörte Autobrummen, ein Geräusch, an das ich mich noch immer nicht habe gewöhnen können.
»Do is!« sagte der Alte. »Nua iwa de Strossn! Und jetz lossnS mi fuat!«
»Ist der Ausländer jetzt da?« fragte ich.
»Naa, um de Zeit no net. Der kimmt imma erst schpoda, wenn a iwahaups kimmt.«
»Gut, ich danke Ihnen, Sie können gehen.«
Das Männchen faßte seinen Hut und nahm die Beine unter den Arm. Ich blickte ihm nach, ob der Alte sich wohl wirklich entfernte, und sah mich dann um ein geeignetes Versteck um. Ich wollte das Gasthaus nicht betreten, sondern hier auf den geheimnisvollen Unbekannten warten. Bald fand ich, was ich gesucht hatte. Hinter einer Buche, die noch dazu von Gebüsch gedeckt wurde, verbarg ich mich. Stunden vergingen. Ich lud meine Gewehre, da es nicht unmöglich war, daß dieser Ausländer ein Feind war, der meinen Bruder beraubt hatte.

Am späten Nachmittag hörte, nein, fühlte ich, daß jemand auf leisen Sohlen, ganz nach Indianerart, einherschlich. Ich machte mein Gewehr bereit. Da kam er! Ich sah einen Indianer mit edlem, männlich schönem Gesicht, dem ein Bronzehauch einen Anflug von Wehmut verlieh, einen stolzen Mann, und ich erkannte in ihm niemand anderen als – meinen Blutsbruder, den gewaltigsten Krieger des Wilden Westens! Er trug die Adlerfedler im Haar, und auf seinem Rücken hing das erwähnte, berühmte Gewehr.

Man denke sich meine Überraschung! Mein Bruder hier, in Österreich, so weit weg von seinem heimatlichen Pueblo, nach so vielen Jahrzehnten!

Ich wollte mir einen Spaß machen. Die Hand an den Mund legend, ahmte ich das gellende Kriegsgeschrei der Sioux-Indianer nach. Mein Freund zuckte sogleich zusammen, richtete den Blick auf die Stelle im Gebüsch und sprang herbei. Um mich zu erkennen zu geben, schoß ich mit meinem Gewehr in die Luft. Er kannte dessen Knall. Da riß mein Bruder sein Gewehr vom Rücken, legte auf mich an und drückte ab. Ich warf mich nieder; die Kugel ging knapp über meinen Hut hinweg. »Mein Bruder!« rief ich. »Will der tapferste der roten Männer seinen Blutsbruder töten?«

Es glitt ein ungläubiges, dann strahlendes Leuchten über sein ernstes Gesicht, und als ich aus dem Gebüsch trat, trat er vor Überraschung einen Schritt zurück.

»Uff, uff! Tut Manitou ein Wunder? Ist es mein Bruder Koarl?«

»Ich bin es!« sagte ich gerührt, erstaunt, nein, erstaunt ist noch zu gelinde, überwältigt von unserem Wiedersehen. Aber gleich faßte ich mich und fragte: »Hat mein Bruder nicht die Stimme meines Gewehrs erkannt, so daß er auf mich schoß?«

»Der Apatsche ist verkühlt und hört heute schlecht. Manitou wird ihm bald die Schärfe des Gehörs zurückgeben. Mein Bruder Koarl wird seinem Freund verzeihen.«

Andere hätten an unserer Stelle ihrem Entzücken Ausdruck verliehen, doch wir gestatteten uns nur eine Umarmung. Dann fragte ich:

»Warum nennt mich mein Bruder nun Koarl?«

»Der Apatsche ist schon viele Monde in diesen Wäldern, er spricht mit den Eingeborenen und hat von ihnen neue Worte gelernt. Will sein Bruder mit ihm ins Gasthaus kommen um zu erzählen?«

So schritten wir auf das Gasthaus zu. Kurz ehe wir ankamen,

raste ein Auto daher, und hätte ich meinen roten Freund nicht beiseite gezogen, wäre er wohl überfahren worden.
»Uff!« rief er aus. »An die blechernen Rosse der Bleichgesichter wird der Apatsche sich nicht gewöhnen!«
Als wir das Gasthaus betraten, starrten uns die Leute feindselig an. Ich sah auch mein altes Männchen bei ihnen sitzen. Um ihnen die Sorge zu nehmen, legte ich meine beiden Gewehre ab. Mein roter Bruder tat es mir gleich. Wir bestellten Bier, deutsches Bier.
»Homma net«, sagte der Wirt. »A Gössa kennanS hom.«
Wir nickten. »Nun mag mein Bruder berichten, was ihn über das große Wasser und ausgerechnet hierher geführt hat«, sagte ich.
»Uff, uff!« rief er. »Mein Bruder mag horchen! Es ertönt die Stimme des Blechrosses mit der blauen Sonne!«
Er hatte recht. Eine Minute später hielt vor dem Gasthaus ein Auto mit der Aufschrift »Gendarmerie«, heulender Sirene und eingeschaltetem Blaulicht. Zwei Männer in Uniformen sprangen heraus.
»Das ist die Kleidung der Sheriffs, Koarl mag sich in acht nehmen!«
Mehr Worte konnten nicht gemacht werden, denn schon waren sie da.
»Wo is der deitsche Jaga?« fragte der Ältere von den beiden.
Mein Männchen trat vor und wies auf mich: »Durtn sitzt a! Paßts auf, er hot zwoa Krochn!«
Der Gendarm trat zu mir: »SanS deppert?« rief er. »Se kennan do jo net mit Gewehr und Rewuifa und Messa umanaundarennan! Se kimman mit aum Poustn!«
Ich blieb ruhig sitzen. »Soll das heißen, Sie wollen mich festnehmen, weil ich Waffen trage?«
Der andere Gendarm lachte höhnisch auf: »Ferdl, des is a Blitzgneißa!«
Der bisherige Wortführer legte mir die Hand auf die Schulter. »Mitkemman!«
Ich lachte ihm ins Gesicht: »Das ist ja lächerlich! Ausgerechnet hier, in der Oststeiermark, wo jeder Bauernbub zu Hause ein

Gewehr im Schrank hat, um damit beim Kasernenfest anzugeben!«
»Mitkemman!« schrie er mich an.
Ich wollte ihm gerade eine Lehre erteilen, da sprang der Apatsche auf, der bisher noch nichts gesagt hatte und mit unbewegtem Gesicht dagesessen war, als ginge ihn das alles nichts an. Mit einem Satz stand er vor dem Gendarmen. Die Wucht seiner Erscheinung hatte in all den Jahren keine Wirkung verloren. Mit blitzenden Augen donnerte er den Gendarmen an: »Will die Kröte von einem Sheriff es wagen, meinen Bruder Koarl, der der kühnste Krieger der Savanne ist, in das enge Haus zu sperren, das die Bleichgesichter Gefängnis nennen?«
»Wer isn der laungzoterte Jugo do?« fragte der Gendarm, sich an die anderen wendend.
Ich wollte aufbrausen, doch nun schrie alles durcheinander: »Der hockt imma do!« – »Der oaweit nix!« – »Sozialschmarotzer!« – »Oaschjugo!« – »A Gauna!« – »Autos fladern tuat er!« »Pock eahm mit ein!«

Ehe wir's uns versahen, stürzten sich die Kerle auf uns. Wir waren bewaffnet, aber in der Enge konnten wir weder Revolver noch Messer ziehen, und der Übermacht vermochten wir nicht standzuhalten. Binnen weniger Sekunden waren wir entwaffnet, in Handschellen gepackt und ins Auto verfrachtet. Schweigend ließen wir es über uns ergehen.
Auf dem Gendarmerieposten herrschte uns der Oberkommandierende an: »Wos is, Trottln, wie hoaßt's?«
»Pshaw!« lachte ich nur.
Der Mann wandte sich an meinen roten Freund. »Du, Mirko, woher kommen? Wo wohnen? Aufenthaltsgenehmigung?«
Mein roter Bruder antwortete: »Der Name des Apatschen ist nicht Mirko. Wäre er nicht in diese eisernen Fesseln gesteckt, so würde er dir noch ganz anders antworten!«
»Oiso, du sogn toamma net, gö? Woher du kommen? Passporrt!«
»Der Apatsche hat keinen Bart!« antwortete mein Bruder. »Kein roter Mann hat einen Bart. Haben die Bleichgesichter hier keine Schule, in denen die Knaben lernen?«

»Hiatzn wird des Kripplgspü goschert a no!« sagte der Kommandant zu einem seiner Kollegen. »Bringts eahm umi und schnoizts eahm den Buckl vui!«
»Moment!« rief ich. »Ich bin deutscher Staatsbürger und wünsche angehört zu werden!«
»Se san Deitscha?« wandte sich der Kommandant bedeutend freundlicher an mich. »Jo wos foit Eahna denn ei, do mitm Gwahr umanaundazgehn?«
»Ich wußte nicht, daß es verboten ist. Aber nun seien Sie so freundlich, guter Mann, und verraten mir, wessen Sie meinen Freund hier anklagen?«
»Geh, hernS auf!« winkte der Kommandant ab. »Mir hom do so vüle Jugo, de wos fladern tuan, de kemma scho! Mit dem wird ogfohrn!«
»Aber dieser Mann stammt nicht aus Jugoslawien!« sagte ich und wollte erklären, um wen es sich da handelte. Doch der Kommandant fiel mir gleich wieder ins Wort:
»HeanS auf! Des is mia Wuascht! Den bringma ham noch Slowenska owi, und guat is!«
Mit solchen Leuten muß man anders sprechen, das erkannte ich nun. Wortlos zog ich aus meinem Gürtel ein kleines Ledersäckchen und entnahm ihm ein Nugget, ein Goldkorn von der Größe einer Kirsche. Ich legte es auf den Schreibtisch.
»Hoitaus!« rief der Kommandant. »Wos isn dös?«
»Das ist Gold.«
»Boah! A schens Trumm! Owa ...« – der Kommandant musterte mich scharf – »Owa wo homS des her? HomS es gstuin?«
»Ich bin nicht hier, um mir Frechheiten anzuhören! Dieses Goldkorn ist mein rechtmäßiger Besitz! Geht Österreich so mit seinen Gästen um? Ich werde mich beschweren!«
»Owa liawa Hea, bleibnS doch ruhig, es wird si ois aufklärn!« sagte der Kommandant mit einemmal voll Freundlichkeit. »Oiso mit Ihnara Gwahr kennanS net do herumgenga, des miassnS einsegn. WennS ma vasprechn, dassaS dahoam lossn, diafnS hoamgehn!«
»Was ist mit ihm?« fragte ich und wies auf meinen Freund.
»Den fiahma noch Agram!« lachte der Kommandant. »Des

muaß der Steiazohla brennan. De Hundskrippln, de ölendign, kumman auffa, wuin nix schepfn, liegn uns auf da Toschn und tuan flauchn ois wia de Roobn!«

Wütend sprang er auf und versetzte meinem roten Bruder einen wilden Tritt, ehe ich es verhindern konnte. Was tun? Der Mann war unberechenbar. Aber vielleicht half, was mir schon einmal zu Diensten gewesen war. Ich wußte ja, daß mein Bruder stets ausreichend mit Gold versehen war.

»Greifen Sie ihm in die Taschen!« sagte ich. »Sie werden auch bei ihm Nuggets finden!«

»MoananS?« fragte der Kommandant schwankend. »A wos, de hätt a eh nur gstanzt!«

»Ich bürge mit meinem Ehrenwort, daß dieser Mann seine Nuggets nicht gestohlen hat!« sagte ich.

»Oiso guat! Ramts eahm aus!«

Wirklich machten sich die Gendarmen daran, meinen Freund auszusäckeln. Da gebot ihnen die kräftige Stimme meines Freundes Einhalt:

»Die Bleichgesichter werden nichts finden. Der Apatsche hat kein Gold mehr, weil er es der armen Frau auf dem Berg gegeben hat. Er selbst braucht keinen tödlichen Staub, er schießt sich sein Fleisch selbst, trinkt das Wasser des Baches und schläft auf der Erde.«

»Hobts es ghert?« rief der Kommandant. Und zu mir: »Se sengan jo! Oa Wüdara is er a no! Na, mit dem wird ohgfohrn! Nehmts eahm mit umi und schnoizts eahm urndli durch, und daunn wird mit der Krout ohgfohrn! Do mochma koane Umständ!«

Ich versuchte den Mann umzustimmen, aber vergebens. Zuletzt wollte ich noch einen Versuch mit einem größeren Nugget machen, doch mein roter Bruder gebot mir Einhalt.

»Koarl mag seine Worte nicht an Gewürm verschwenden! Die Bleichgesichter mögen mit dem Apatschen machen, was ihnen beliebt. Er ist zu stolz, um mit ihnen zu streiten!«

Und dabei blieb es. Ich versuchte ausfindig zu machen, wohin sie meinen Freund brachten, diesen edlen Krieger, über dessen

Behandlung bei den Weißen sie in der Savanne die Hände über den Köpfen zusammengeschlagen hätten. In der Zwischenzeit schrieb ich Protestbriefe an den österreichischen Präsidenten. Dessen Kanzlei eröffnete mir in einem Schreiben, ich als EU-Bürger sei den Österreichern gleichgestellt, ein ohne Aufenthaltsgenehmigung aufgegriffener, mittelloser Krimineller aus Exjugoslawien sei dies jedoch nicht, man könne mir nur raten, mich an das Konsulat in Zagreb zu wenden, wohin der Schübling gebracht worden sei.
Bald darauf, nachdem ich meinen Prozeß in der Oststeiermark erledigt hatte, reiste ich nach Kroatien. Ich fand meinen roten Bruder nicht, sosehr ich suchte. Einmal hatte ich eine verheißungsvolle Spur gefunden, die mich zu einem Filmprojekt führte, doch als ich hinkam, war schon alles abgebaut und die Schauspieler, unter denen einer war, auf den die Beschreibung meines roten Bruders gepaßt hätte, verschwunden. Erst Jahre später sah ich meinen Bruder wieder, in einem Lichtspielhaus auf der Leinwand, wo er sich selbst mimte. Nie habe ich erfahren, was er in der Oststeiermark zu suchen hatte. Wann sehe ich dich wieder, mein lieber, lieber roter Bruder?

Monika Helfer

SABA

Zum Glück ist nach außen hin alles geregelt. Ein deutscher Student nahm mich aus Anstand zur Frau, so daß ich nun keine Illegale mehr bin. Von Herzen dankbar muß ich dafür sein. Er war der zweite gute deutsche Mensch, dem ich in der Fremde begegnet bin.

Ich heiße Saba und stamme aus Marokko. Sicher habe ich noch viele Fehler. Meine Haare wachsen dicht und kraus, und ich habe zuviel davon, die Hälfte würde mir genügen. Meine Eltern sind Berber, das tätowierte Gesicht meiner Mutter erscheint mir im Schlaf. Die kranken Augen meines Vaters sind ein finanzielles Problem. Ich habe vier Geschwister, zwei Brüder, die faul sind wie nasses Holz. Meine zwei Schwestern bedienen den Vater und die Brüder. Alle leben sie in einer provisorisch gezimmerten Hütte ohne Wasser und Strom. Auf einem Kalenderblatt für den Monat August sah ich so ein Motiv: eine Hütte im Flachland. Ich war wie vom Blitz getroffen. Ich habe meiner Familie den ersten Fotoapparat vorgeführt. Das waren Augenblicke! Ich wußte von einem Tag auf den andern, daß ich mein Dorf verlassen mußte. Man sieht mir meine Willenskraft nicht an. Ich wirke eher scheu. Ich bin zurückhaltend, aber nicht ängstlich. Ich besuchte in Marokko nie die Schule, meine Geschwister auch nicht, es hat keinen Sinn, zur Schule zu gehen. Besser, man liegt zu Hause herum und schaut in den Himmel. Man lernt nämlich in Wahrheit nichts. Die Lehrer sind tätig, ohne zu arbeiten. Sie spielen Karten. Ich kann in meiner Sprache weder schreiben noch lesen. Mit fünfzehn nahm mich eine Hebamme mit in die nächste Stadt und stellte mich einer Diplomatenfamilie vor.

Eine staatliche Überprüfung ist nicht auszuschließen. Es kann passieren, daß man schauen will, ob ich wirklich mit dem Studenten lebe, der jetzt übrigens ein praktischer Arzt geworden ist. Ich wohne mit zwei Freundinnen in einer Wohngemeinschaft, bin westlich gekleidet und habe zwei Paar Plateauschuhe, beide schwarz. Ein Paar ganz neu. Der Arzt wohnt mit einer Frau, die wiederum einem Illegalen zur Menschenwürde verholfen hat, zusammen. Das sind zwei wirklich gute Menschen. Ich muß offiziell drei Jahre mit dem Arzt verheiratet sein, dann können wir uns scheiden lassen.

Der erste gute deutsche Mensch war die Schwester des Diplomaten. Sie sah mich in den herrschaftlichen Damastvorhang weinen. Gleich krempelte sie ihre Ärmel auf. Ihr habe ich einen Platz in einer Organisation zu verdanken, in der ich normal behandelt wurde. Mit normal meine ich, daß es mir erlaubt war, eigene Gedanken nicht nur zu denken, sondern auch auszuführen. Die Diplomaten nämlich hatten mir das Ausgehen verboten. Kost und Logis waren der Gegenwert für meine Arbeit auf dem Fußboden gewesen. In der Organisation ergab sich die Möglichkeit, eine deutsche Abendschule zu besuchen. Tagsüber arbeitete ich in der Post, Abteilung kleine Pakete. Mir gelang der Hauptschulabschluß, worauf ich mächtig stolz bin und das auch sein kann, weil es nämlich eine Schinderei war. Nie hatte ich meinen Kopf so angestrengt. Ich liebe dieses gescheite Gefühl! Die Mutter meines Arztes schenkte mir hundert Mark.

Ich kann jetzt in Deutsch schreiben, in meiner Heimatsprache nicht. Das ist verdreht. Einen Großteil meines Geldes schicke ich an meine Eltern. Der Vater kann bald am grauen Star operiert werden, dann bin ich seine Wohltäterin. Gefällt mir gut, dieser Gedanke.

Ich bin in dem Alter, wo mir ein Mann zusteht. Ich verließ mich auf meinen glücklichen Instinkt und fand einen aus meiner Heimat. In einer Disco lernte ich ihn kennen. Er war aus meinem Holz, schön schmal und dennoch kräftig. Wir tanzten, und er wurde mein Freund. Er hat mich geschlagen, weil ich nicht für immer bei ihm bleiben wollte. Was soll mir schon passieren, wenn man mich schlägt. Geschlagen worden bin ich immer wieder. Das ist Tradition, wenn man mich schlägt. Aber dann wollte er mich mit einem Tranchiermesser erstechen, mich aufspießen, wie man Fleisch aufspießt. Da bin ich zu meinem offiziell angetrauten Ehemann geflohen. Er drohte ihm in Güte. Mein Freund war ein Illegaler, und sollte er mich in Ruhe lassen, würde ihn mein Mann einer deutschen Frau vorstellen. Einmal kam er noch in die Wohngemeinschaft, in der ich mit zwei deutschen Studenten wohnte. Mein Arzt hatte mir sie zu meinem Schutz vermittelt. Sie waren sanft wie Nonnen. Ich war meinem Freund nicht mehr ausgeliefert.»Ein freies Leben für eine Marokkanerin«, sagte er drohend und rannte wie ein Hausdurchsucher in den oberen Stock. Da gab es eine Falltür, die immer offen stand. Mein Freund ist in diese Falle gegangen, und er hing an der Decke vom unteren Stock. Das war ein Spaß.

Als ich zum erstenmal meine Eltern besuchte, wurde ich wie eine Königin empfangen. Sie legten mir einen Teppich vor die Füße, und mir war erlaubt zu tun, was sonst der Vater tat. Alle warteten auf meine Befehle. Mein Vater hat mich möglichen Bewerbern versprochen. Die freien Männer aus dem Dorf machten mir Heiratsanträge, angeblich haben sie mich schon immer geliebt. Sie erhofften sich da einiges. Ich bin die Legende im Dorf. Sie denken, ich kann zumindest einen mit nach Deutschland nehmen.

Ich lernte in Deutschland einen Sudanesen kennen, und er war leider ein Macho wie mein erster Freund. Ich hatte mein Herz noch nicht endgültig entblößt und kam deshalb aus eigener Kraft von ihm los. Ein deutsches Mädchen fragte mich, ob ich mit ihr und ihrer Freundin zusammenziehen will. Das ist eine schöne Zeit. Jeden Samstag stylen wir uns und ziehen von Disco zu Disco. Manchmal passiert es mir noch, daß ich Angst vor Fremden habe, ohne Ankündigung. Dann klebe ich mich an meine Freundin, bis ich wieder munter bin. Ich denke mir in solchen Zuständen, daß alle klüger sind als ich und das auch wissen.

Ich will ja wieder einen Freund aus meiner Heimat. Ich könnte mir nicht vorstellen, einem deutschen Mann zu gehören. Ich werde nie mehr nach Marokko zurückkehren. Auf Urlaub schon. In einem Monat vollende ich mein 20. Lebensjahr. Meine Stimmung schwankt manchmal ins Traurige, und ich kann nicht erklären, warum.

Ich genieße mein Leben in vollen Zügen, das ist eine Redewendung, die ich gern verwende. Sie macht mir gute Laune.

Das zweitemal fuhren mein Arzt und seine gute deutsche Frau mit mir nach Marokko. Sie nahmen so viel Gepäck mit, wie sie konnten. Allein zwanzig Kleider für meine Leute. Das war wie fünfmal Weihnachten. Die ganze Verwandtschaft profitierte. Verschämt, verschüchtert waren sie, meine Leute, als wären sie von einem andern Stern. Ständig kamen neue Verwandte und Bekannte in unsere Hütte, um die Gäste anzustaunen. Wir unternahmen Ausflüge. Irgendwann fuhren wir für ein paar Tage ins Atlasgebirge. Meine Schwester und ich zogen uns die besten Kleider an. Wir wollten nur schön sein, sonst nichts. Oben in den Bergen haben wir gefroren. In jedem Dorf trafen wir junge Männer, die mit uns flirteten.

Ich stehe dabei, und vieles spielt sich im Kopf ab. Mein Arzt sagt, daß ich das meiste richtig mache, weil ich dem Gesetz der Notwendigkeit folge. Bald wird er sich von mir scheiden lassen. Ich werde ein langes Leben haben. Wenn ich dann meinen Atem im Rücken spüre, möchte ich glücklich gewesen sein.

Stefanie Holzer

GRANIZA
oder MEINE PUTZFRAUEN

Irgendwann Ende der 80er Jahre wurde mir unvermutet klar, daß meine umfassende Tierliebe sich nicht auf Kleider- und Mehlmotten erstreckte. Abends sprang ich wie ein Amateur-Kammerjäger in die Hände klatschend durch die Wohnung, um die umherfliegenden Ungeheuer, die sich an meinem Lieblingspullover und den Essensvorräten vergangen hatten, zu ermorden.
Das sind nur die Männchen, die du erwischst, erklärte mir ein Freund. Die tückischen Motten sind aber die Weibchen, die sitzen irgendwo hinter einem Schrank, in einer Mauerritze, unter einem der Nippes auf dem Regal und sorgen unentwegt für ewig hungrigen Mottennachwuchs. Die erwischst du nie.
Ungefähr zur gleichen Zeit mußte ich erkennen, daß ich auch Silberfischchen gegenüber eine gewisse Reserviertheit empfinde. In der Wäschekammer suchte ich gerade einen jener Socken, die unbegreiflicherweise nach dem Waschen immer fehlen, statt ordentlich paarweise aufzutreten. Ich hatte den Wäschekorb aufgehoben und beobachtet, wie Silberfischchen in verschiedenen Größen auseinanderstoben. Diese urzeitlichen Lebewesen gedeihen in dunkel-warm-feuchtem Ambiente besonders gut, zumal dann, wenn sie nicht durch regelmäßiges Staubsaugen und Wischen gestört werden.
Die Silberfischchen waren zu schnell für mich. Ich konnte ihnen nichts anhaben, also lenkte ich meine Empörung auf die Waschmaschine und die vorhandenen Socken um: Wieso

kommt es, daß immer ein Socken fehlt? Als ob sie in der Waschmaschine mit der Lauge abgesaugt würden, verschwand bei jedem x-ten Waschvorgang ein Socken. Im Lauf der Zeit hatte sich eine Sammlung einzelner Socken angesammelt, die ich nicht wegwerfen wollte: Die gegenwärtig fehlende Socke würde gewiß in dem Moment auftauchen, in dem die andere im Müll gelandet wäre.

Die Zeit war reif: Erstens würde ich alle einzelnen Socken wegschmeißen; womöglich täten sich demnächst meine Hauptfeinde, die Motten, gütlich daran. (Was um alles in der Welt fraßen Silberfischchen?) Zweitens beschloß ich, so bald als möglich in die bürgerliche Lebensform überzuwechseln, welche eine Putzfrau (auch: »Raumpflegerin«) beinhaltet.

D. war die erste.

Sie lebte allein und wollte, vielleicht weil sie erfolgreich die Silberfischchen unter dem Wäschekorb vertrieben hatte, ihren Hund als Tierersatz in meine Wohnung bringen. Eines Morgens stellte ich fest, daß D. jenes Brett im Küchenschrank, auf dem die Marmelade zwischen den Frühstücken gelagert wird, nicht abgewischt, sondern einfach umgedreht hatte: Die beanstandeten ribiselfarbenen Marmeladenringe befanden sich nun auf der Unterseite des Bretts. Angesichts dieser Ringe konnte ich auch die Augen nicht mehr vor der Tatsache verschließen, daß D. die Rauchpausen zum Dauerzustand mit dazwischenliegenden Arbeitspausen umgewandelt hatte. Als ich D. gegenüber am Telefon behauptete, daß ich nun wieder selber putzen würde, merkte ich, daß sie mich nie hatte leiden können. Sie kam nicht einmal mehr, um ihre Schürze abzuholen.

Dann folgte G.

G. und ich, wir mochten einander. Sie wohnte in einer Gemeindewohnung, in der sie seit mehreren Monaten erfolglos gegen Kakerlaken kämpfte. G. konnte allerdings nicht lange kommen, denn sie mußte eine ihr vom Arbeitsamt aufgedrängte Stelle annehmen. Ihr Antrag auf Frühpension war schon wieder abgelehnt worden.

Nun kam Frau Sch.

Sie war der Inbegriff der properen Innsbrucker Hausfrau. Allerdings hatte sie die unbeeinflußbare Neigung, ihre eigenen Vorstellungen zu verwirklichen, und ließ mich im Kampf gegen die tierischen Untermieter allein. Sie weigerte sich, an den Stellen, die ich ihr nannte, in die Abwehrschlacht einzutreten. Nicht daß sie mir widersprochen hätte, sie nahm nur nicht zur Kenntnis, worum ich bat. Mit der bereits erprobten Ausrede, ich hätte weniger Arbeit und würde wieder selber putzen, wurde ich sie los.

Dann suchten wir via Inserat. Ein Herr mit ausländischem Akzent rief an, ob wir auch Putzherren nähmen? Ja, sagten wir, aber der Putzmann kam nicht zum vereinbarten Treffen. Eine des Deutschen nicht mächtige Bulgarin kam in Begleitung ihres Gatten. Bei der Begehung der Wohnung wurde auch die Toilette als zu putzender Raum angeführt. Beleidigt fragte der Bulgare, ob wir meinten, er und seine Frau hätten noch nie eine Toilette gesehen. Eine junge Frau rief an, sie brauche unbedingt Geld. Wir sollten niemanden anderen nehmen. Sie käme gern und jederzeit. Tatsächlich kam sie nie. Sie rief an, sagte, daß es ihr gerade heute nicht gut ginge, daß sie morgen käme, da gehe es ihr bestimmt besser. Vier- oder fünfmal telefonierten wir, doch sie konnte nie kommen.

Eine Freundin empfahl mir ihre Putzfrau: eine junge Frau aus jenem Teil Jugoslawiens, aus dem kurz darauf Kroatien wurde. Verläßlich, sauber, eine Perle. Wir hofften sehr, daß wir entsprechen würden. Als sie kam, sich die Wohnung ansah und befand, daß sie gern einmal wöchentlich ein paar Stunden bei uns putzen würde, waren wir erleichtert, nein, wir freuten uns sehr – allerdings zu früh, denn auch sie kam am vereinbarten Tag nicht.

Enttäuscht und verwundert, als ob wir am Geburtstag kein Geschenk bekommen hätten, fragten wir uns, warum gerade wir keine Putzfrau finden konnten. Ich rief bei der Perle an, ob sie krank sei oder sonst irgendein Unglück ihr Kommen verhindert habe. Sie war nicht einmal peinlich berührt. Sie könne nicht kommen. Sie wolle endlich den Führerschein machen. Sie ha-

be keine Zeit. Ob sie das nicht schon vor einer Woche gewußt habe, fragte ich nörgelnd nach. Meine Erregung beeindruckte sie, wenn überhaupt, nur wenig. Allerdings könne sie eine Bekannte, »Jugo-Frau«, schicken.
R. kam am vereinbarten Tag.
Sie kam aus dem Land, das bald Restjugoslawien und später, als der Krieg im Kosovo nicht aufhörte, obwohl R. sich das so dringend wünschte, nur mehr Serbien heißen würde. R. kam immer pünktlich. R. verstand nicht, was ich sie fragte und worum ich sie bat. Ich kaufte ein Wörterbuch »Serbokroatisch-Deutsch«. Bei der Kaffeepause übten wir Vokabeln. Ihre Grammatik änderte sich nur langsam. »Wenn ich gehe von Stadt« bedeutete jahrelang »Wenn ich in die Stadt gehe«. Sie sagte »scheen« und steigerte dieses Lob mit »ganz scheen«.
Ich vermittelte R. an eine Freundin, die zwei kleine Kinder und ein Studium der Medizin zu bewältigen hatte. Diese Freundin vermittelte R. wieder weiter, und so kam unsere Putzfrau mit der Zeit in verschiedene Wohnungen zu verschiedenen Menschen. Sie sah dort Dinge, in die sie sich nach und nach verliebte: Mit dem Geld, das sie beim Putzen verdiente, bestritt sie ihren Haushalt. Ihre eigentlichen Wünsche erfüllte sie sich durch Häkeln. Sie verkaufte aus Tausenden einfachen und doppelten Stäbchen bestehende Tischdecken, um sich eine Geschirrspülmaschine, einen Entsafter, einen Mikrowellenherd und ein Dampfbügeleisen zu kaufen. Ihre Küche war hochgerüstet wie keine in ihrer Heimat und keine von denen, die sie putzte.
Als wir ein paar alte Stühle renovieren ließen, fragte sie, wieviel das gekostet habe. Entsetzt riß sie die Augen auf. »Is scheen. Aber kaufst du besser neue!« Meinen Einwand, daß wir gern die alten behalten, ließ sie nicht gelten: »Neue wie alte!«
R. verschönte nicht nur die eigene, sondern auch unsere Wohnung. Sie schenkte mir kleine gehäkelte Deckchen, die sie unter Vasen legte. Freunde in Berlin hatten von ihrer Perle mit Katzen bestickte Polster für ihre Ledercouch bekommen, die sie immer wegräumten, sobald Frau D. gegangen war. Bei uns blieben die Deckchen. Unseren bereits vorhandenen Polstern

auf dem Sofa brachte R. mit der Handkante einen exakten Knick bei, der der Liegestatt zum Lesen eine insgesamt soldatische Strammheit verlieh. Für den Teppich im Wohnzimmer bevorzugte sie eine lässige Schräglage zur Tür. R. blickte zufrieden auf ihr Werk und sagte, Zustimmung heischend, »ganz andere«.

Als sie zum ersten Mal die alphabetisch geordneten Bücher im großen Regal abstaubte, stellte sich heraus, daß danach Goethe nicht mehr vor Gontscharov stand. Goethe mag sich in der unpassenden Gesellschaft von Iris Murdoch und Dawn Powell durchaus wohl gefühlt haben, doch er war nur noch dadurch auffindbar, daß er aus zehn identischen nie gelesenen Bänden besteht. Als R. begriff, was ich mit meinem Gestammel über Buchstaben und Alphabet sagen wollte, wurde sie rot.

R. liebte Nippes. Selbstverständlich mußten auch Nippes gepflegt, abgestaubt werden: Meine Mediziner-Freundin ist eine romantische Person. Sie trocknet Rosenblätter, um sie in Schalen zu legen und sich weiterhin an ihrem zarten Duft zu erfreuen. R. aber sah welke, staubige Blätter in einer hübschen Schale. Die orange-gelben Rosenblätter wurden zum Leidwesen der Hausherrin wie alle anderen von Blumenstöcken abgefallenen Blätter eingesaugt.

R. regte an, Dinge anzuschaffen, mit deren Hilfe sie ihrer Pflicht besser nachgehen konnte. Statt Schrubber und Fetzen besorgte ich einen »Mobber«, mit dem es sich besser unter Möbeln wischen ließ. Ich wurde weiters beauftragt, einen neuen Überzug für das Bügelbrett zu besorgen. Meine Freundin H., die aus irgendeinem Grund Bügelbretter verabscheut, wurde gegen ihren Willen mit dieser Errungenschaft beglückt: R. und H. saßen im Auto. Sie fuhren ins Wochenendhaus von H. Am Wegesrand in Rum war Sperrmüll aufgetürmt. R. hatte mit ihrem ansonst auf Fuzzelchen gerichteten Adlerblick ein Bügelbrett erspäht. H. mußte stehenbleiben und auf der steilen Straße zurückstoßen. H. gehorchte und fuhr vor Schreck mit dem linken hinteren Reifen gegen den hohen und scharfkantigen Granitrandstein. Im Reifen zeigte sich bei der Inspektion eine Kerbe, die der Mechaniker in der VW-Werkstatt für ernst genug hielt, daß ein neuer Reifen gekauft werden mußte. »Weißt du, wieviel ein Reifen kostet? Wegen diesem blöden Bügelbrett!«

R. hatte für ihren Sohn, den sie vergötterte, einen Zwerghasen angeschafft. Der Hase fraß Soletti und die Bodenleisten hinter der Couch. Ob sie ihm altes, hartes Brot, Karotten gebe? Ich hatte R. im Verdacht, daß sie dem Hasen kein altes Brot geben wollte, schließlich konnte sie sich auch frisches leisten. Als der Hase das Stromkabel der Nähmaschine anknabberte, erkundigte sich R. im Zoofachhandel, wie alt denn solche Hasen würden. Ihre jugoslawischen Freunde hatten sie ausgelacht. 13 Jahre. Ein Hase! Sie wollte den Hasen zurückgeben. R.s Sohn protestierte. Ich riet ihr, sich anstelle des Hasen eine Katze zuzulegen. Sie rollte die Augen gen Himmel. Eine Katze würde sie endgültig der Lächerlichkeit preisgeben. Dort, wo sie herkam, würde niemand eine Katze in eine Wohnung lassen.

H. hatte in ihrem Wochenendhaus kleine Igel gefunden, die den Winter nicht überleben würden. Sie sammelte die Igel ein, steckte sie in eine große Schachtel im Keller und fütterte sie mit Katzenfutter so lange, bis sie kugelrund und abscheulich stinkend verspätet den Winterschlaf antraten. R. sah sich die Tierchen gern an. Zu Beginn hatte sie ihnen mißtraut. Bei ihr zu Hause erschlug man Igel, weil sie im Stall großes Unheil anrichteten. Das sei wahr, ereiferte sie sich, als wir sie deswegen auslachten.

R. ließ sich die Haare kurz schneiden. Sie trug kaum mehr Röcke. Sie besuchte ihre Verwandten. Auf ihren Reisen nach Jugoslawien nahm sie verschiedenste Dinge zwischen Kindernahrung und Medikamenten mit. Einmal mußte der Fahrer des Reisebusses sechs Traktorreifen als Gepäck im Bus verstauen. Als sie in Kragujevac ausstieg, fehlten zwei Stück. Irgendwo zwischen Österreich, Ungarn und Jugoslawien waren auf wundersame zwei Traktorreifen abhanden gekommen. Die »graniza« zwischen Ungarn und Jugoslawien war ein Ort des Schreckens. Grundlos wartete man stundenlang und zahlte willkürlich festgesetzte Zölle für die mitgebrachten Sachen. Wahrscheinlich hatte ein Grenzer die Reifen gebraucht.

R. brachte Reisschokolade aus Jugoslawien mit, die wir den geleeartigen supersüßen Ratluk-Würfeln vorzogen. Immer wieder machte sie Termine beim Arbeitsmarktservice aus. Sie war schon acht Jahre in Österreich und hatte noch immer keine Arbeitserlaubnis. Eines Tages erklärte ihr die für sie zuständige Dame beim Arbeitsmarktservice, daß Österreich mit den Ausländern nur Schwierigkeiten habe. R. weinte. Sie konnte nicht schlafen. Dann fand sie einen Gastwirt, der sie anstellen wollte. Solange das AMS arbeitslos gemeldete Personen mit Arbeitserlaubnis in seinen Listen führte, schickte man diese Personen zu den offenen Stellen, die R. für sich gefunden hatte. R. kannte Frauen, die nur vier Jahre in Österreich waren und schon arbeiteten.

R. verstand nicht, warum gerade sie nicht arbeiten durfte. Sie vermutete, daß das etwas damit zu tun hatte, daß sie Serbin war. Mit jeder neuen Flüchtlingswelle sanken ihre Chancen auf eine Arbeitserlaubnis. Als die NATO im Kosovo eingriff, schlief sie wochenlang schlecht. In jeder freien Minute schaute sie jugoslawisches Satellitenfernsehen und erzählte, daß alles ganz anders war, als wir glaubten.

R.s 18jähriger Neffe war bei der jugoslawischen Armee. Er tauchte erst nach dem Krieg unversehrt wieder auf. Das Dorf ihrer Eltern blieb von den Kriegshandlungen verschont. Selbst R.s Wohnung in Kragujevac stand noch. Damit hatte sie nicht gerechnet. Wir alle hatten die Bilder von der großen Traktorenfabrik in der Nähe ihrer Wohnung gesehen. Die Fabrik habe ohnehin nur mehr Kühlschränke hergestellt und war dennoch immer wieder bombardiert worden.

R. war über das Ende des Krieges glücklich. Und sie war traurig, weil sie immer noch keine Arbeitserlaubnis bekam. Unnachgiebig suchte sie weiter nach einem Dienstgeber, der sich die Mühe machte, mit ihr den Antrag beim AMS zu stellen. Sie hatte wieder Glück. Eine »Chefin« wollte sie anstellen; doch der Antrag wurde abgelehnt. Innsbruck hatte Ja gesagt, aber Wien hatte abgelehnt. Die Chefin tauschte nach Ansicht des AMS das Personal zu häufig aus. R. war traurig. Dann fand sie wieder eine Chefin, die ein gutes Stubenmädchen suchte. Frau

T. stellte den Antrag – und bekam eine andere arbeitslos gemeldete Frau zugeteilt.
R. zählte das für all die Anträge vergeudete Geld zusammen.
Frau T. brauchte in ihrem Hotel mehr Zimmermädchen, als das AMS liefern konnte. R. und Frau T. versuchten es noch einmal, und diesmal bekam R. die Arbeitserlaubnis. »Ich glaube nicht!« seufzte sie am Telefon. Als sie das letzte Mal in unsere Wohnung zum Putzen kam, lachte und strahlte sie wieder. Nun war ich traurig. R. vermittelte mir ihre Landsfrau B.

B. kommt gern.
Sie kann nicht Deutsch. R. hat ihr das kleine Wörterbuch, das ich ihr vor sechs Jahren geschenkt habe, weitergegeben. Und H. hat das Bügelbrett, das sie für den Preis eines Autoreifens bekommen hatte, ein paar Tage nachdem R. endgültig die Arbeitserlaubnis bekommen hatte, weggeworfen. H. sagte, sie habe dieses Brett nicht anschauen können, ohne sich zu ärgern.
Es war schade um das Brett. Es war gar kein richtiges Bügelbrett gewesen. Ein Unbekannter hatte aus einer Holzfaserplatte mit der Laubsäge ein Bügelbrett geschnitten, um R. eine Freude zu machen.

Marie Luise Kaltenegger

WAS IST GRENZE UND WO?
Nachrichten aus einem Wiener Grätzel

Der Schuster ist aus Samarkand. Guten Tag, scheene Dame, was wienschen, jetzt bezahlen, morgen fertig, auf Wiedersehen. Das Radio ist auf einen russischen Sender eingestellt. Er spricht aber nicht mit dem Russen von nebenan, der mit Waren aller Art handelt. Er ist auch aus Samarkand, allerdings aus dem grauen, schäbigen russischen Plattenbauten-Viertel. Sein Samarkand hingegen ist die schönste Stadt der Welt, blauschimmernd und geheimnisvoll. Grob ist er, der russische Bär. Da spricht er lieber mit den Georgiern von gegenüber, wenn überhaupt. Freitag abend geht er ins Bethaus und am Schabbes hat er geschlossen.

Der Taxifahrer ist aus Dyabakir. Früher war er Volksschullehrer, aber dann machte er nähere Bekanntschaft mit der türkischen Polizei. Der Taxifahrer ist Kurde und spricht mit jedem, außer mit dem Türken, der eine Bäckerei gleich ums Eck betreibt. Das ist ein Typ aus Kayseri, der nur anatolische Steine im Kopf hat und auf großtürkisch tut.

Die Hausmeisterin ist aus Serbien. Sie sagt, daß die Serben keine Freunde hätten, in der ganzen Welt nicht. Nicht einmal in Serbien. Wenn sie nach Hause zu ihrer Oma fahre, müsse sie immer jede Menge Gebühren zahlen. Jetzt sind Serben aus dem Kosovo im Dorf der Oma, und keiner kann sie leiden.

Der Maurer, der sich auch als Fliesenleger betätigt, ist aus Nirgendwo, sagt er. Tito war noch nicht lange tot, als der Einberufungsbefehl zum Militärdienst kam. Ein Diensthabender fragte ihn, welche Nationalität, welche Religion. Das war er noch nie gefragt worden. Er sagte, »jugoslawisch« für Nationalität, »jugoslawisch« für Religion und bekam eine Ohrfeige. Seitdem kennt er sich nicht mehr aus in der Welt. Sein Heimatdorf liegt jetzt in der Republik Srpska, und wenn er seine alte Lehrerin im Nachbarort besuchen will, dann braucht er ein Visum. Die Grenze läuft mitten durch den Rübenacker seines Vaters. Der Vater ist tot, und auf dem Acker wachsen nur noch Brennesseln.

Der Änderungsschneider ist aus Syrien und nimmt auch Ledersachen an. Er ist Christ und hält seit Jahrzehnten den Mund. Jeder Syrer weiß, wieso. Er trinkt gern Tee, den er in hohem Bogen in hauchdünne Gläser einschenkt. Beim Backgammon mogelt er. Er redet mit niemandem, außer mit den Iranern, die nebenan ein kleines Handarbeitsgeschäft führen. Die Iraner sind Bahai und sehr stille Leute. Sie waren schon lange nicht mehr zu Hause, denn die Mullahs mögen keine Bahai.

Vor einer Parterrewohnung in der Seitengasse stehen im Sommer ein paar wackelige Sessel auf dem schmalen Gehsteig. Ein Bub spielt auf dem Akkordeon, und ein kleines Mädchen bietet den Passanten bunte Papierröllchen an, die von einem Gummiband zusammengehalten werden. Du kannst etwas gewinnen, kostet fünf Schilling bitte. Das sind Zigeuner, sagt die Hausbesorgerin. Aus der Gegend um Belgrad. Sie reden nicht mit den Unsrigen. Und die Unsrigen reden auch nicht mit den Zigeunern. Und wenn eine Unsrige einen Zigeuner heiratet, so ist das eine Schande.

Die Putzfrau ist aus Novi Sad und hat einen Zigeuner geheiratet. Er fährt einen Mercedes, sieht gut aus, steht immer auf der Straße herum und kann nicht einmal einen Nagel in die Wand schlagen. Mit ihr redet keiner mehr.

Im Haus gegenüber wohnen Polen. Im ganzen Haus wohnen ausschließlich Polen. Die Serben können die Polen nicht leiden. Die Polen können die Serben auch nicht leiden. Die Kassierin vom Supermarkt sagt, daß die Polen klauen wie die Raben. Sie verschwinden mit den Wodkaflaschen durch den Lieferanteneingang.

Die Polen sind aus Lublin und gehen jeden Sonntagvormittag in die Kirche. Am Nachmittag reparieren sie ihre Autos und breiten ihr Werkzeug fein säuberlich auf dem Gehsteig aus. Sie unterhalten sich nur mit Landsleuten.

Im Park spielen die Kinder. Die türkischen Kinder auf der einen Seite, die jugoslawischen auf der anderen. Rollt der Ball ins jeweils andere Territorium, dann wird er über die Mauer auf die Straße geworfen. Ein chinesisches Mädchen möchte auch Gummiband hüpfen, aber es weiß den Reim nicht und muß sich auf die Bank setzen.

Der Russe aus Samarkand hat jetzt ein Bild des Zaren in der Auslage, daneben eine Madonna mit Lichterkranz in Rosa und Hellblau. Der Schuster aus Samarkand spuckt jedesmal aus, wenn er vorbeigeht. Aus den Augenwinkeln schielt er auf das Schachbrett, vor dem der Russe sitzt.

Der Taxifahrer aus Dyabakir träumt vom Kaukasus, da wollte er immer schon hin. Aber da sind so viele Grenzen, sagt er, da kann man nur hinfahren, wenn man eine Bergziege ist. Der Georgier schenkt ihm eine Melone und sagt, was ist Grenze und wo?

Im Wartezimmer des praktischen Arztes ist es ganz still. Ein Mann sitzt in der Ecke, spielt mit einer Gebetsschnur und starrt zum Fenster hinaus. In einer anderen Ecke sitzt eine Frau mit Kopftuch und einem langen grauen Mantel. Es ist brütend heiß. Sie hat ein Kind auf dem Schoß. Als es heißt, der nächste, bitte, gehen der Mann, die Frau und das Kind gemeinsam hinein. Drinnen spricht nur der Mann, die Frau sagt kein Wort. Auf der Straße geht sie drei Schritte hinter ihrem Mann.

Heute waren die Schuhe doch nicht fertig. Der Schuster aus Samarkand hatte mit dem Russen eine Partie Schach gespielt und die Zeit übersehen.

Neben dem Bild des Zaren steht jetzt auch ein Chanukka-Leuchter. Ganz billig.

Ulrike Längle

BEI DEN INNENSEITERN

Von meinem Schreibtisch aus sehe ich direkt auf das Gefängnis von Lüneburg. Alle Heinrich-Heine-Stipendiaten vor mir hatten einen Blick in ihr Nachbargebäude werfen wollen, und so ergriff auch ich die Gelegenheit, als mir eine Führung angeboten wurde. Das Lüneburger Gefängnis betritt man vom Marktplatz aus, dem Zentrum der Altstadt, durch das Schloß, das um 1700 hier erbaut wurde. Zuerst ein Hof, in dem Autos geparkt sind. Durch ein Tor in einer Mauer, auf der ein Sandsteinstandbild eines heiligen Georg mit Drachen steht, der einen ganz kleinen Kopf ohne die charakteristischen zackenartigen Schuppen hat, kommt man in einen kleinen Innenhof und von dort über ein paar Stufen zu einer metallenen Tür. Dort klingle ich. Drinnen eine verglaste Portiersloge und eine Gittertür. Ich werde bereits erwartet. Ein Beamter des Untersuchungsgefängnisses steht für die Führung bereit. Er sieht ganz normal aus, in Jeans, nicht wie ein Polizist.

Wir passieren die Gittertür, dann geht es erst mal in ein Besucherzimmer. Hier sollte ich meinen Ausweis zeigen, aber ich habe keinen mit. Ich habe nur ein Buch mit, auf dem hinten ein Foto von mir abgebildet ist. Doch dieses Foto genügt zu meiner Identifizierung. Der Beamte, nennen wir ihn Schulze, erklärt mir zuerst Prinzipielles. Dieses Gefängnis sei ein Untersuchungsgefängnis, kein Strafgefängnis, eine eher kleine Anstalt und nur für Männer. Unter den zirka fünfzig Insassen, die sie hier hätten, seien alle Grade vertreten, vom Schwerverbrecher bis zu ganz leichten Fällen. Vor der Verurteilung gelte die Un-

schuldsvermutung dem Gefangenen gegenüber. Zirka 60 Prozent der Insassen seien Ausländer. In Niedersachsen liegen die Strafgefängnisse fast alle an der holländischen Grenze.
»Und warum?« frage ich.
»Weil man früher die Gefangenen zum Torfstechen abkommandiert hat. Aber heute will da niemand mehr hin, auch wenn man sagt, die Mauer ist nur ganz niedrig und du bekommst Ausgang, kannst sogar in der Stadt Schaufenster anschauen. Die Leute wollen Besuch von den Angehörigen, und die Ehefrau kann nicht jedesmal 400 km weit fahren. Hannover ist zum Beispiel hoffnungslos überfüllt.«
Ich bekomme den Eindruck eines eigenen Universums von Strafanstalten, das Niedersachsen und die Bundesrepublik überzieht wie ein Netz von speziellen Hotels und von dem der normale Bürger keine Ahnung hat. Wer weiß schon, daß Hannover als Gefängnisstadt hoffnungslos überfüllt ist?

Nach der Einführung kommt noch die Waffen- und Handykontrolle, aber ich habe weder das eine noch das andere bei mir. Durch eine Metalltür geht es dann so richtig hinein ins Gefängnis und dann gleich in eine Zelle. An einer Wand übereinander zwei Pritschen, an der anderen ein Tisch und zwei Stühle sowie ein Spind. Das Klo und das Waschbecken befinden sich in einem abgetrennten Bereich, der nachträglich eingebaut wurde. Früher stand neben der Tür ein Kübel, und da war es gar nicht anders möglich, als daß sich die Untersuchungsgefangenen bei diversen Tätigkeiten zuschauten und auch rochen oder daß der Wärter aufsperrte, wenn gerade einer auf dem Kübel saß. Ein menschenfreundlicher Direktor hat in den sechziger Jahren den Umbau zustande gebracht, bei dem drei Zellen zu zwei wurden. Von außen kann man eine Tür zwischen zwei nebeneinanderliegenden Zellen aufsperren, hinter der sich die Wasser- und Stromleitungen befinden.
»Manche Gefangene sind voller Haß, wenn sie da hereinkommen. Sie setzen dann die Zelle unter Wasser und machen einfach nicht auf. Dann können wir von außen das Wasser abdrehen.«

Nächste Station: die Überwachungszentrale, in der ein Mann sitzt und mehrere Videokameras betrachtet. Ich frage, ob es keine Ausbruchsversuche gebe.
»Die graben sich durch die Wände oder durch die Decke wie eh und je. Dann nehmen sie die Ziegel heraus. Aber der letzte geglückte Fluchtversuch war vor dreizehn Jahren. Da haben die Gefangenen den Wunsch geäußert, im Freien Kaftsport machen zu dürfen. Sie haben den Wachebeamten in ein Ballspiel verwickelt und in eine Ecke manövriert, von der aus er nicht sehen konnte, wie zwei Gefangene versuchten, mit Stangen über die Mauer zu kommen. Einer hat es geschafft, der andere blieb im Stacheldraht hängen. Wie der dann aussah, furchtbar. Jetzt sind zwei weitere Rollen Stacheldraht auf der Mauer, NATO-Draht, und die Regenrinnen sind verkleidet.«
Ich frage, was NATO-Draht ist.
»Das ist ein besonders gefährlicher Draht, mit speziellen Widerhaken. Wenn Sie da hängenbleiben ... Ausbrechen klappt heutzutage eigentlich nur mehr mit Geiselnahme.«
»Ist denn das auch sicher, hier, für mich? Ich habe keine Lust, als Geisel zu enden.«
Herr Schulze beruhigt mich. Ein Wärter kommt herein, ein älterer Mann mit Schnurrbart.
»Jetzt ist sie schon wieder hier, schon zum dritten Mal, und das Kind liegt einfach so da, auf dem Tisch, und rührt sich nicht.«
Es handelt sich um einen Besuch bei einem Drogenabhängigen, seine Freundin oder Ehefrau, ebenfalls drogenabhängig, und anscheinend wird auch das Kind mit Betäubungsmitteln ruhiggestellt.

Dann wird die Küche besichtigt, in der ein Gefangener kocht. Herr Schulze zeigt mir einen Speiseplan. Zum Frühstück gibt es Margarine und Kunsthonig.
»Wir mußten inzwischen auch mal Änderungen machen, damit die Gefangenen genügend Vitamine kriegen. Ein Salatblatt mehr, eine Kartoffel weniger. Aber wir haben auch viele Penner hier, die wollen ordentlich was auf den Teller und sind dann gar nicht zufrieden. Am Dienstag gibt es immer Eintopf, da

kommen die Gefangenentransporte, und man weiß nie, wie viele Leute wir zum Essen haben. Es muß etwas geben, das man leicht strecken kann. Das Essen ist immer der Schwachpunkt, in jedem Gefängnis. Das Essen und der Arzt. Darüber beschweren sich die Leute immer.«
Was mir an der Küche am meisten imponiert, ist eine gewaltige Schneerute mit Holzgriff, die aussieht, als ob Riesen damit kochen würden.

Dann besuchen wir eine Sozialarbeiterin, die sich um Wohnungs- und Arbeitsprobleme der Gefangenen kümmert.
»Was geschieht eigentlich, wenn einer in Untersuchungshaft kommt, am Arbeitsplatz?«
»Da machen Sie sich mal keine Gedanken, da sorgen die Arbeitgeber schon für die Kündigung.«
»Und wie leben dann die Familien?«
»Die kriegen Sozialhilfe. Aber wenn einer ein paar Jahre einsitzt, dann müssen die schon mal eine kleinere Wohnung nehmen.«
»Wie geht das eigentlich mit den Frauen? Bleiben die bei den Gefangenen?«
»Wir wundern uns oft, wie stabil diese Beziehungen sind. Aber das ist auch eine andere Schicht, das kann man mit den bürgerlichen Milieus nicht vergleichen.«
Hinter der Sozialarbeiterin hängt ein Bild an der Wand, das eine felsige Uferlandschaft am Meer und darin eingefügt den Kopf von Konrad Adenauer im Profil zeigt. Ich frage, was Adenauer denn hier zu suchen habe.
»Diese Zeichnung hat ein Gefangener gemacht und mir geschenkt. Aber wir dürfen ja nichts annehmen, dessen Wert 30 Pfennig übersteigt, sonst gilt es als Bestechung. Ich habe es dann auf diesem Foto befestigt, so kann es bleiben.«
»Es sieht aus wie Kunst«, sage ich. »Wenn das in einem Museum moderner Kunst hinge, würde niemandem etwas auffallen.« Die Sozialarbeiterin lacht.

Dann steigen wir in die Werkstatt hinunter. Es riecht gut, nach

Hanf, ein Radio spielt laut Popmusik. Drei Schwarze und zwei Weiße arbeiten daran, Seile zu drehen, manche haben auch Messer als Werkzeuge bei der Arbeit.
»Da sehen Sie es, wir können gar nicht verhindern, daß da jemand gefährliche Dinge in die Hand bekommt. Wenn einer so ein Messer mitschmuggelt ...«
Ich grüße beim Kommen und beim Gehen, ich weiß nicht, was die Gefangenen von mir denken. Aber es kommen öfter solche Besuche wie ich hier herein. Früher hat auch die Volkshochschule Kurse hier angeboten, Deutsch für Ausländer, Basteln, alles mögliche, die gut angenommen wurden, weil sie die einzige Möglichkeit waren, etwas anderes zu tun als in der Zelle zu sitzen. Aber seit alle Zellen Kabelfernsehen haben, wird nicht mehr gelesen, und die Kurse sind wieder eingeschlafen.
»Es ist gar nicht so einfach, Arbeit für die Gefangenen zu bekommen. Wenn die wollen, boykottieren die einfach alles, und man kann nicht rechtzeitig liefern. Oder einer macht schon mal alle Abschleppseile zehn Zentimeter zu kurz. Da haben sie dann einen ganz schönen Schaden. Sie sind oft so voller Haß.«
Das mit dem Haß hat er schon vorhin einmal gesagt, der Herr Schulze.

Dann blicken wir in den Gefängnishof, wo jeder das Recht auf eine Stunde Ausgang täglich hat. Man läßt alle gemeinsam in den Hof, Kontakte kann man nicht verhindern. Die Leute müssen auch nicht mehr im Kreis gehen, sondern dürfen sich frei bewegen. Ich sehe vor den Fenstern der Zellen dicke Glasscheiben, die in zirka zehn Zentimetern Entfernung von den Gittern angebracht sind.
»Da drüben, den Zellen gegenüber, ist das Landgericht. Früher, als die Gefangenen noch Springfedern in den Matratzen hatten, haben sie mit diesen Springfedern zu den Sekretärinnen geschossen. Da ist schon mal eine Scheibe zu Bruch gegangen. Und dann haben wir das Sicherheitsglas angebracht. Und heute beschwert sich schon mal einer, der sagt, er braucht Sonnenlicht.«

Wieder im Gefängnis, geht es durch eine auf- und zuzusperrende Eisenpforte, und dann stehen wir in einem weiteren Gang. Herr Schulze öffnet eine Tür. Dahinter liegt die Zelle für die Tobsüchtigen, ein kahler, großer Raum mit Betonfußboden. Selbst das Bett ist nur aus Beton, mit einer Schaumstoffmatratze ohne Überzeug. Darauf liegt ein Jogginganzug, davor ein Paar Pantoffeln, einer davon ist umgedreht. Rechts an der Wand, in unerreichbarer Höhe und hinter Glas, etwas, das aussieht wie eine zusammengerollte weiße Schlange.
»Was ist denn das?«
»Die Beleuchtung. Hier kommen die herein, die wir anders nicht ruhigkriegen. In den ersten drei Tagen nach der Einlieferung ist es am schlimmsten. Dann beruhigen sich die meisten. Aber die Ungewißheit ist das ärgste. Und keiner von denen weiß, wie es hier zugeht, wann jemand kommt, was man genau mit ihm macht. Die, die toben, kommen hier herein. Meistens sind sie nach vierundzwanzig Stunden ruhig. Früher hatten wir noch einen Überzug über der Schaumgummimatratze, mit einem Plastikreißverschluß, aber da hat sich einmal ein Gefangener mit dem kleinen Nippel, der da dran ist, so schwere Verletzungen am Bauch zugefügt, daß er sogar genäht werden mußte.«

Neben der Isolierzelle liegt die Kraftkammer.
»Wissen Sie, wir haben ja kräftige Leute hier, und wenn die den ganzen Tag nichts zu tun haben ... Wenn sie in die Kraftsportkammer können, sind sie viel weniger aggressiv.«
»Und hier trainieren sie für den nächsten Einbruch und sind dann fit, wenn sie wieder herauskommen«, meine ich.
»Das wird uns oft vorgeworfen. Und sie kaufen sich auch Eiweißpräparate, und das sind dann solche Muskelpakete.«
Er macht eine illustrative Geste mit der Hand.
»Bei uns können sie auch eine Ausbildung als Schweißer absolvieren, und niemand weiß, ob das nicht für einen Bankeinbruch verwendet wird. Wenn die Isolierzelle belegt ist, muß hier ausgeräumt werden. Dann können die Gefangenen keinen Kraftsport machen. Das hat den Vorteil, daß sie die anderen

Gefangenen ziemlich unter Druck setzen, sich nicht so aufzuführen, daß sie hier hereinkommen.«
Herr Schulze lacht verschmitzt.

Wir kehren ins normale Gefängnis zurück. Jetzt, am Nachmittag, sind die Zellentüren auf den Gang geöffnet, die Gefangenen dürfen sich miteinander unterhalten. Viele stehen oder sitzen herum, einer schneidet einem anderen die Haare.

Die nächste Station ist die ehemalige Kapelle. Im Moment findet gerade eine Sitzung statt, vier Männer in Uniform sitzen um einen Tisch. Hier ist auch der Raum, wo Tischtennis gespielt wird.
»Wie ist es eigentlich mit dem Gefängnispfarrer?«, frage ich.
»Versucht man denn nicht, den Gefangenen ins Gewissen zu reden?«
»Früher fanden noch regelmäßig Gottesdienste statt. Das ist dann eingeschlafen. Wir dürfen gar nicht versuchen, die Gefangenen moralisch zu läutern, weil wir nur ein Untersuchungsgefängnis sind. Hier ...«, er deutet auf die Stirnseite, »stand früher der Altar. Sie sehen die Nachfolge.«
An der Decke hängt eine Halterung für eine große Leinwand.
»Eine Zeitlang hatten wir hier Filme, aber das hörte dann auch auf. Dann kam das Fernsehen im Gruppenraum –«, er deutet in die Ecke, wo ein mit einem Vorhängeschloß gesicherter Holzkasten steht. »Und nun haben wir eben das Kabelfernsehen in allen Zellen. Aber es finden noch Gottesdienste statt, es wird sogar eine Orgel dazu gespielt, und es kommen auch Leute.«

Als nächstes ist der Raum des Drogenberaters dran. Ich begutachte die Zimmerpflanzen, die alle harmlos sind, kein Hanf dabei.
»Der Drogenberater kommt von einer anderen Institution, es wäre schlecht, wenn es hier eine Verflechtung gäbe, weil sonst die Gefangenen befürchten, daß alles, was sie sagen, gegen sie verwendet werden kann.«
Herr Schulze sitzt nachdenklich in seinem Sessel.

»Wie ist das eigentlich«, frage ich, »Sie sind doch auch jeden Tag im Gefängnis. Wie halten Sie das aus?«
Er überlegt eine Weile:
»Ich habe hier als Sozialberater begonnen, jetzt bin ich schon fast zwanzig Jahre hier. Das Auf- und Zuschließen bemerkt man gar nicht mehr. Meine Frau sagt, ich sei härter geworden und ich verwende auch Ausdrücke in der Sprache, die ich früher nicht verwendet habe. Es färbt doch etwas ab.«
»Aber wie halten Sie das aus, was Sie hier jeden Tag sehen?«
Er zögert noch einmal mit der Antwort.
»Man hilft sich mit irgendeiner Konstruktion über die Runden. Ich sage mir, das hier ist noch eine relativ humane Vollzugsanstalt. In einem großen Strafgefängnis möchte ich nie arbeiten. Eigentlich würde ich gerne den Arbeitsplatz wechseln, aber Sie wissen ja, wenn man Familie hat ...«

Zum Schluß gehen wir noch in das Zimmer des Gefängnisarztes, in dem ein großer Medikamentenschrank mit den Abteilungen Betäubungsmittel, Magen-Darm, Infektionen, Herz-Kreislauf, Bewegungsapparat steht.
»Der Gefängnisarzt hat am meisten mit Beschwerden zu kämpfen, er entscheidet, ob zum Beispiel ein Herzanfall nur simuliert ist, damit jemand einen Ausbruchsversuch machen kann. Gegen das Essen und gegen den Arzt kommen die meisten Beschwerden. Die Gefangenen fühlen sich als Opfer.«

Die Führung ist beendet. Ich überreiche Herrn Schulze das Buch, das ich mitgebracht habe. Er wird es als erster lesen, die Gefangenen lesen ohnehin nicht.

Am nächsten Abend bin ich bei Babette und Benno, wo es immer, auch wenn man unangemeldet kommt, etwas zu essen gibt, und zwar immer etwas Gutes. Wir sitzen um den Tisch im Garten, die Eltern sowie Jonas, 19, und Lili, 13. Ich erzähle von meinem Besuch im Knast.
»Ich war da auch, mit meiner Klasse«, berichtet Jonas. »Man ist froh, wenn man wieder draußen ist. Die haben sich mit uns

echt gut unterhalten. Wir waren ihre Verbündeten, gegen die ungerechte Behandlung im Gefängnis.«
»Haben die nicht auch eine Zeitung?«, fragt Benno, »Lichtblick oder so ähnlich?«
Ich erzähle von den Naßzellen und daß früher nur der Kübel neben der Tür gestanden ist.
»Das ist gegen das Grundgesetz, Paragraph 1, die Menschenwürde«, erregt sich Benno. Ich wundere mich, daß er sich so aufregt, denn gegen die Menschenwürde sind noch ganz andere Sachen.
»Da wüßte ich noch viel mehr«, werfe ich ein. »Kürzlich, beim Tag des offenen Denkmals, war ich in der Heiliggeistschule, und da hängt neben der Direktion die Schulordnung, geschrieben von Kinderhand in Kinderschrift und noch dazu in Ich-Form. Paragraph 1: *Wenn die Glocke klingelt, stelle ich mich neben meinen Kameraden hinter den weißen Strich im Schulhof und warte, bis der Klassenlehrer uns abholt.* Paragraph 2: *Wenn ich das Schulgebäude betrete, werde ich ruhiger.* Und so geht es weiter bis zu einem Punkt, der das Waffentragen im Schulgebäude verbietet. Das ist der einzige Punkt, der nicht in Ich-Form, sondern als Verbot formuliert ist. Das finde ich noch viel schlimmer, kleine Kinder auf diese Art und Weise zu beeinflussen. Wir konnten uns wenigstens noch gegen Verbote profilieren ...«
Zu trinken gibt es Pfefferminztee. Jemand fragt, ob ich Süßstoff wolle. Benno schreit entsetzt auf: »Süßstoff doch nicht!«
Jonas meint: »Das ist gegen Minderheiten. Diabetiker, Homosexuelle ...«
Benno entgegnet: »In Deutschland gibt es mehr Diabetiker als FDP-Wähler. Die sind gar keine Minderheit.«
Ich sage, daß ich am liebsten Honig hätte, und erzähle dann, daß die Gefangenen alle Kabelfernsehen in der Zelle haben und meist fernsehen.
»Wie ich«, meint Lili. Was sie damit ausdrücken will, weiß ich allerdings nicht. Dann berichte ich von Herrn Schulze, der unter den Arbeitsbedingungen leidet. »Es wäre die Fürsorgepflicht des Arbeitgebers, für einen solchen Mitarbeiter eine andere Ar-

beitsstelle zu suchen«, erläutert Benno. Benno ist Jurist und weiß alles. Jonas hatte einen Freund, der vierzehn Tage in den Knast mußte und unschuldig war.
»Wieso unschuldig?«, fragt Babette. »Er hat doch sicher etwas angestellt.«
»Nein, eigentlich nicht. Es war etwas mit Glücksspiel, das in Belgien legal ist und hier nicht so ganz.«
Damit ist die Debatte beendet.

Wenn ich jetzt vom Schreibtisch auf die Gefängnismauer blicke, spüre ich ein Gefühl des Vertrautseins. Jetzt weiß ich, daß meine Nachbarn am Dienstag Eintopf kriegen und im Keller Seile flechten. Das Gefängnis befindet sich tatsächlich im Herzen Lüneburgs. Die, die es bewohnen, sind die eigentlichen Innenseiter. Je später der Abend wird, desto wärmer wirkt das Licht. Was die Gefängnisinsassen eigentlich verbrochen haben, hat mir niemand erzählt. Deshalb wähle ich nun folgende Formulierung: Ich wohne neben einem Ballungszentrum krimineller Energie.
Aus: Die Lüneburger Langsamkeit. Notizen aus Deutschland (unveröffentlicht)

Katrin Mackowski

AHNENGRUSS

Sich am Grund mit den Flossen abstoßen und warten, bis neue Luftbläßchen aufsteigen.
Mit offenem Maul gierig nach oben strudeln und an der Wasseroberfläche kurz ins weiße Neonlicht spähen. Eine Perle zwischen die Kiemen nehmen. Ausatmen. Die Lider schließen. Wieder im Tiefenrausch.
Lucie verfolgt einen Rochen, der ihr vormacht, wie es sich in einem Kasten voller Leitungswasser, zwei Meter breit, zwei Meter hoch, zwei Meter tief, gut leben läßt.
Der Alltag zwischen vertrauten Kieseln. Weiter oben die Verwandten mit ihren ausgewachsenen Körpern.
Sich an der Begrenzung der Glaswand reiben und immer wissen, wohin. Nie aus dem Rhythmus kommen. Keine Gefahr.
Ein monströser Fernseher über der Theke sendet Musiclips aus Taiwan. Schmale Frauenkörper und zarte Stimmen tauchen glucksend ins Wasser. Azurblau. In der Luft zu viel Knoblauch. Lucie atmet tief ein. Sie liebt es exotisch. Und es ist wie Urlaub, wie am Meer in der Sonne, wenn der fremde Geruch in ihren Körper strömt und so warm und weich macht. Nur nicht ausatmen. Nicht fortmüssen. Aber Vorsicht! Die Speise ist heiß. Lucie pustet sanft in ihre Schüssel. Da hüllt die heiße Nudelsuppe mit Meeresfrüchten ihr Gesicht in einen zarten Nebel, zum Untertauchen zu schwach. Lucie schimmert hell. Die einzig Blonde unter Schwarzhaarigen, die freundlich nicken, wenn sie zweimal pro Woche das Lokal besucht. 5. Bezirk. Wien, nicht Taipeh. Nudelsuppe statt Apfelstrudel. Genug der Mehlspeisen!

Zwischen den Miesmuscheln sieht sie Verena schwimmen. Mit ihrer Käseschmiere. Nur zwei Kilo achtzig. 47 Zentimeter. Was für ein Tag. Lucie schnuppert an ihren Fingern. Der Kreißsaal des Wilhelminenspitals riecht so. Nach Schweiß. Nach Lysoform. Nach Arbeit in Ottakring. Das Mädchen, das vor ein paar Stunden zur Welt kam, war durch ihre fordernden Hände geglitten und hatte sich nach oben gestrudelt. Leiser Schrei. Verena, kein bayerischer Trampel namens Sisi. Grüß Gott, meine Kleine. Die Mutter Deutsche, der Vater Amerikaner. Sie würde Wienerisch sprechen. Echt wienerisch, zwischen Kaisern und Semmeln leben. Aus ihrem Paradies gerissen von drei Zugereisten: einer Hebamme aus Polen, ihrer Mutter aus Frankfurt und dieser Freundin aus Hamburg mit Namen Lucie. Lucie aus der Stadt der Schiffe in der Stadt der Fiaker.
Lucie mit der frischen Brise im Gesicht im Land der Gugelhupfe. Na gut. Nichts gelernt, nichts studiert, vom Norden in den Osten gewechselt. Aus Liebe natürlich. Zu einem Wiener.
An der Seite eines Heimischen, der nicht ihre Sprache spricht und der niemals träumt.
Der nichts wissen will und auf einem anderen Stern lebt, der nicht mal leuchtet.
Wie leicht sich die verdrehte Nabelschnur mit einem weichen Schnitt durchtrennen ließ. Rote Sprengsel auf weißen Linnen. Schöne Bescherung. Ein Mädchen.
Auch du lernst die Kunst des Verdrehens, Wendens, Schnörkelns, meine Kleine. Die goldige Geschichte Wiens. Die Angst. Riesengroßes Bassin. Tränen am Grund, das Lachen verschluckt, scheinschöne Patina an der Oberfläche. Fratze der Einheimischen. Du wirst sie sehen. Warte nur ab. Und sie hielten sie unter warmes Wasser, während die Mutter auf die Nachgeburt wartete. Aus dem Nebenzimmer das Stöhnen einer anderen Frau.
Sie werden dich das Lügen lehren, Verena, die Höflichkeit und den Witz. Den wahren Wiener Schmäh, verstehst du? Den Schmäh. Ganz leise. Sie werden dich charmant machen und dich wissen lassen, was es bedeutet, keine Fragen zu stellen. Auswendiglernen und Nicken. Ja und Amen. Danke und Bitte.

An jeder Ecke: Die Tradition. Die Neutralität. Die Bürokratie. Die Unterwürfigkeit. Der Fremdenhaß. Dir die schmierige Hand reichen, die beim Gruß nicht fest zudrückt und die du doch nicht loswirst. Lächeln, nicht Lachen, Verena. Grüß Gott und leise Servus.
Der schaurig-schöne Mutterkuchen wirbelt elegant in der Faust der Hebamme wie der Teig eines Pizzabäckers. Sieh nur, gefall ich dir?
Sie werden dir zeigen, daß die Dinge anstehen müssen bis zur Fäulnis, um wertvoll zu sein. Und sie werden dich von Freunden grüßen lassen, dich begünstigen und weiterreichen. Nie Streit, es sei denn, der Kellner kommt nicht oder der Postler macht einen Fehler. Kein Wettbewerb, kein fairer Kampf, nur Freunderlwirtschaft. Und das ist so, und das war so. Sie werden dir ein Parteibuch empfehlen. Das richtige natürlich. Immer im Dreivierteltakt. Das geht sich schon aus. Schön sprechen. Wienerisch, nicht Deutsch, denn Deutsch reden heißt Angst machen, heißt Übergriff und Besserwissen.
Doch die Mutter weiß von dem nichts. Sie ist gerissen. Eine junge Ärztin mit fettigen Haaren kommt mit Nadel und Faden. Das macht nichts, ganz ruhig. Ganz ruhig, haucht sie in die Vagina.
Und zu Lucie: Nur nicht jammern! Lieber eine Geschichte erzählen, Lucie. Alles Allgemeinplätze, meine Liebe. Du willst doch nicht Politik machen? Als Piefke? Was weiß schon eine Zugereiste.
Zahlen, bitte!
Lucie läßt die Imbißtür ins Schloß fallen und geht die Wiedner Hauptstraße hinab zum Matzleinsdorfer Platz. Unendlich lange zehn Minuten noch bis nach Hause. Es warten zwei Kinder, ein polnisches Kindermädchen, das Zugeständnis eines treusorgenden Ehemannes an seine Frau, stinkender Mist in einem Sackerl an der Klinke der Küchentür und das graue Tastentelefon mit Wackelkontakt in den Westen. Es warten fünf Dachluken und Tauben in der Rinne, die sich manchmal ins Wohnzimmer verirren.
Unten auf der Gasse zwei Dicke im Trainingsanzug, auch sonst

ziemlich breit, viel zuviel Hundescheiße und das kriegerische Grau der Gemeindebauten.
Schleicht euch, schreit Lucie und bahnt sich ihren Weg. Saust vorbei am Radetzkymarsch und arabischen Klängen hinter vergilbten Gardinen. Streift Robis Beisel mit Spitz und Plastikblumen im Fenster, grüßt die Tischlerei ohne Tischler und die zertrümmerte Scheibe des Pfarrkindergartens. Zwanzig Schritte noch. Schneller. Macht plötzlich halt und murmelt vor sich hin wie eine Stadtstreicherin, ohne Zuhause.
Zwei Meter mal zwei Meter mal zwei Meter. Nach oben strudeln. Das Neonlicht. Wieder in die Tiefe. Zwei Meter mal zwei Meter.
Träum nicht, Lucie! Und Lucie beschließt noch im Laufen, nie mehr Gast, sondern nur noch Gastgeberin zu sein, nie mehr zu grüßen, sondern sich nur noch grüßen zu lassen. Aber irgendwann kommt immer von irgendwoher eine Lucie ins Spiel. Lucies aller Länder, vereinigt euch! Prost.
Noch heute nacht würde sie die Kinder nehmen und mit ihnen im Nachtzug vom Westbahnhof nach Hamburg fahren. Wieder den frischen Wind um die Ohren, und an den Landungsbrücken mit den Schiffen aus aller Welt reisen.
Guten Tag und Tschüß sagen.
Die hohen weißen Villen an der Elbe, das Seemannsgarn auf dem Fischmarkt. Breites Hamburger Platt. Das Wasser allgegenwärtig. Frei. Laufen und den Himmel sehen, offene Gesichter, Segelschiffe und Ruderboote, die Alster, die ganze Stadt wie im Flug verschlingen und nie wieder loslassen. Einfach zu Hause und keine Angst mehr. Sie würde es ihm später erklären. Später. Sich scheiden lassen. Später. Lucie und ihre Angst. Lucie und ihre Träume. Statt Perlen unter Wasser zu suchen, hält sie sich einen Krebs in der Einsiedlergasse. Und sie hatte es satt, seinen scharfen Scheren zu entkommen, dieser harten Haut, dem Gekrieche am sandigen Grund und wollte ihn unschädlich machen, bevor er an sich selbst zugrunde gehen würde.
Deutsche Ehefrau erdrosselt Wiener.
Wieder daheim sperrt Lucie die Tür auf, sieht nach Post im Kasten 19 und hört einen Besen im Stiegenhaus aufkehren. Im

Stiegenhaus putzt die Hausbesorgerin. Und nicht nur die Stiegen. Versteht sich.
Frau Lucie? Sind Sie es? 120 Schilling. Sie wissen schon, die Umlage.
Lucie fingert wortlos das Geld aus ihrer Börse und drückt den schwach flackernden Knopf am Lift, der einmal pro Woche stehenbleibt. Sie öffnet die schwere Tür und zittert bis in den sechsten Stock hinauf. Nur nicht jetzt. Weiterfahren. Danke vielmals.
Oben angelangt, fällt ihr Blick auf die Nachbartüren, die mit Kränzen geschmückt sind wie Gräber. Verdammt. Das Telefon läutet aus ihrer Wohnung, und Lucie ist schneller als der Wind. Hallo? Wer spricht da bitte? Hallo! Aber der Teilnehmer legt auf. So geht es regelmäßig ein-, zweimal die Woche.
Hier spricht Lucie. Wer ist denn da?
Lucie ist nicht mehr Lucie. Zu wenig harter Akzent. Der Teilnehmer versteht nicht und legt auf. Zu leise. Zu klein geworden. Immer bitte und danke sagen, nie mehr vorlaut sein, immer auf der Hut. Einfach festgenagelt. Schweigen ist Gold, Reden ist Silber, lernt Lucie. Besonders als Deutsche, so hoch oben, in der Einsiedlergasse unterm Dach. Verstanden?
In der Küche verteilt ihr dreijähriger Sohn einen Liter Milch gleichmäßig auf dem Boden.
Mit seinen flinken Fingern verstreicht er die Flüssigkeit bis in die äußersten Winkel.
Siehst du, Mami? Siehst du, was ich kann?
Der andere schlichtet herausgerissene Bücher aus den roten Regalen im Vorzimmer zu einem Scheiterhaufen. Laß das! Kriegergeschrei. Laß das! Lucie sammelt die Bücher auf und stellt dann mit zitternden Händen die Dusche auf kalt. Abkühlen bitte. Aber unterm Dach bleibt es heiß. Wickeln, Kochen, Putzen. Schnell. Eines der Kinder reckt sich von einem zu großen Brotkrumen im Hals. Jemand pumpert an die Wand. Können Sie nicht endlich leiser sein? Ruhe, Ruhe bitte.
Lucie, einfach in eine fremde Suppe geschummelt, war von einem breiten Löffel herausgefischt worden. Nichts weiter. Von Geburt an suspekt. Von Geburt an fremd.

Wohin mit dir, fragte der Mann ihrer Wahl und ließ sie zappeln. Wohin?
Nach Hause, antwortete Lucie und ließ sich ins Land der Sachertorten verschicken. Endlich nach Hause.
Ruhe mit dem Theater!
Manchmal fällt Sonnenlicht durch die Schräge auf den Ikeaküchentisch. Und zwischen den Zeitschriften auf der Fensterbank, den Kinderspielsachen und allerlei Krimskrams, von dem sich der Hausherr nicht trennen kann, läßt sich ein Blick in den Himmel werfen. Bis vor kurzem versperrte ein gelber Kran die Sicht auf die Wolkenzüge.
Jetzt, bei freier Sicht, prallen Lucies Augen an der grauen Häuserfront mit den immergleichen Fenstern, an diesen hellgrünen Jalousien ab. Niemand, der hinausschaut.
Blöde Einsiedler!
Nur deutlich das Glockengeläut unter dem Kirchendach, flach, tief unten zwischen den sechsstöckigen Wänden. Sonntags Lobe den Herrn aus leisen Kehlen. In der Woche Alltagsgeräusche vom Bau. Mischen, Bohren, Hämmern. Der Kranführer, der um Punkt vier Uhr Feierabend macht, die Kinder grüßen ihn vom Küchentisch aus und beobachten, wie er sein Gehäuse verläßt. Dann ist es still, fast still, und Lucie bereitet das Essen für den nächsten Tag vor. Es gibt Lachs, denn Fisch ist eine Besonderheit. Teuer und selten. Wenig wienerisch. Aber immer noch Fleisch. Gegen die Etikette. Gegen den Geschmack der neidigen Schwägerin, die tierlieb, vegetarisch und menschenscheu ist. Lobe den Herrn, singt Lucie und verteilt das Essen auf vier gleiche Teller. Aus dem Radio das Wahlkampfgetöse der Rechten, die Idylle predigen. Die Familie. Die Mutter. Die Treue. Gott sei Dank.
Lucie dreht ab und mißt mit großen Schritten die Größe dieser Wohnung aus. Einsiedlergasse. Sechster Stock. Lucies Zuhause. Bis zum Schlafzimmer zählt sie fünf Schritte. Das Fenster auf Kipp läßt den Gestank der Mistwagenzentrale aus der Siebenbrunnenfeldgasse ins Ehebett und mischt sich mit deutsch-österreichischen Mißverständnissen. Nichts als Mißverständnisse. Jawohl! Lucie hat nichts zu sagen auf sprachlosem Terrain

der Verschmelzungsmatratze. Schweigen ist Gold. Was gäbe es auch zu melden zwischen den muffigen Polstern durchgeschwitzter Männernacken, gepanzert und nicht nahbar? In Wien als Deutsche? Nicht Jüdin? Nicht aus dem Osten? Nicht alleinerziehend? Schlecht, ganz übel. Und Lucie wischt die Kotze vom Kind weg, das seinen Brotkrumen und mehr erbrochen hat. Federn fliegen vom Bettenmachen, aber Hamburg wär' nicht weit. Ein Konjunktiv. Typisch Wienerisch. Hätten Sie Lust auf Lucie? Auf Lucie aus Westdeutschland ohne Bildung und Geld?
Auf Lucie mit dem hellen Schopf mit diesen zwei Kindern? Zum ersten, zum zweiten ... Lucie fantasiert, wie sie auf dem Fischmarkt als Attraktion unter die Leute wie Restbananen geworfen würde.
Auf das Federbett eine Tagesdecke, hörst du? Weiß und hell. Fertig. Lucie stellt sich in den Türrahmen und dreht sich nach links mit zwei Schritten zum Wohnzimmer. Halt.
Über die Gehschule ihres Babys klettern und ein Sofa suchen. Geizige Wiener schaffen kein Sofa mit Tisch an, um Gäste zu bewirten, denkt sie. Hätte ich nur einen Türken geheiratet. Aus den Schornsteinen der Dächer vis-à-vis kommt plötzlich schwarzer Qualm, so daß Lucie ihre Kinder auf den Schoß nimmt und ihnen Tücher vors Gesicht hält.
Geht schon. Geht gleich vorbei, brüllt sie. Und tatsächlich. Alles Gute kommt von oben.
Eine Böe verirrt sich nach Wien und macht dem Spuk ein Ende. Der Himmel reißt auf wie nach einem Gewitter und Lucie denkt gar nichts mehr. Sie legt ihre Kinder zu Bett und macht sich an die Arbeit. Hamsterlaufradarbeit. Kommt nicht raus. Ruft einen Prinzen oder König. Hallo!
Alle verwunschen. Nur ein dünnes Seil. Draht in der Luft. Unsichtbar. Hallo? Weiterlaufen.
Wer spricht denn da? Und Lucie weint nicht mehr, denkt nicht mehr, arbeitet schneller und schneller, räumt das Kinderspielzeug auf, das schmutzige Geschirr, saugt Staub, stellt die Wäsche auf Energiesparen, denn der Hausherr spart, und treibt ihren Sport auf die Spitze. Nicht mehr heimisch werden, nicht

mehr fragen, nicht mehr streiten, aber warten, leider. Auf was?
Lucie nimmt Platz auf dem großen Ohrensessel, dem Erbe der berühmten, whiskysaufenden Wiener Kartenspielerin der Familie. Eine Spielerin! Eine Wortführerin, die sich den ganzen Tag im Nachtgewand aufhält und glücklich ist, sich beim Herrenfriseur die Haare schneiden zu lassen. Bestimmt lesbisch.
Ihre Augen blicken gütig in dunkelbraunem Öl auf Lucie herunter.
Gut so, alles wird gut. Weiterspielen, sagt die Geschönte. Geh spielen! Auch du wirst die Kunst des Verdrehens, Wendens, Schnörkelns lernen. Die goldige Geschichte Wiens, mein Kind. Warte nur. Warte.
Lucie versteht ihr Vermächtnis, schenkt sich einen Schluck schottischen Whisky ein und nickt ihrer Verwandten zu. Gott zum Gruße. Als sie zu brennen anfängt von der Schärfe im Schlund, beginnt sie die Dinge in Ordnung zu bringen.
Auf deutsch und sicher zu gründlich. Im Vorzimmer nimmt Lucie alle Poster in billigen Rahmen von der Wand und läßt sie vom Dach flattern. Eine Wohltat, die Bilder, einst Achtungsschilder einer unumstößlichen Wahrheit, so fliegen zu sehen.
Aus dem Kinderzimmer fingert Lucie leise einen dicken schwarzen Filzer aus der Spieltruhe und kehrt damit zurück zum Porträt der Großmutter. Ich muß unterschreiben, Mutter, sagt Lucie. Und unter die schlecht getuschten Kinobesucherinnen schreibt sie »die Judenhasserin«, unter den Soldaten auf seinem Feldbett »die Lügnerin«, quer über die amerikanische Tankstelle »das deutsche Viech«. Es würde ihr sowieso niemand glauben, daß diese Titel einzig von ihrem Ehegatten und nicht von der Gasse kamen. Aber sie wollte diese Peinlichkeit festhalten und war mit sich zufrieden.
Großmutter, warum hast du so große Augen?
Damit ich dich besser küssen kann, lallte die Alte und deutet mit ihrer fleischigen Hand auf den Biedermeiertisch. Ich hasse Biedermeier, sagte Lucie, nimmt Packpapier und Klebestreifen und wickelt den schönen alten Schreibtisch, der zu nichts nutze war, ein wie ein Geschenk. Alles Erbe. Alles vom Vater. Unberührbar zum Verrücktwerden.

Gnade vor Recht. Da hast du ihn zurück.
Zwei schwarze kleine Tische, die mit der Zeit ihre Beine verloren, türmt Lucie unter den Luster, der schon mindestens zwei Generationen lang an dieser Stelle hängt und mit dem niemand Licht macht. Nicht anfassen. Nur nicht anfassen. Und Lucie taumelt gegen die Bücherwand. Ich seh', ich seh', was du nicht siehst, und …
Aus den unzähligen Schubladen mit Krimskrams zieht Lucie schwarze Decken und verhängt die Regale mit lexikalischem Wissen. Für Männer, die sich auskennen müssen, die schnell mitreden wollen, die prüfen und nachschlagen und beweisen müssen, daß sie immer recht haben, ohne auch nur ein einziges Mal zwischen den Seiten verlorengegangen zu sein.
Ich werde dich finden, hört Lucie aus dem Geläut des Telefons. Aber Lucie läßt es läuten. Lucie? Schon längst nicht mehr da, arbeitet weiter.
Massen von Knetgummi und Slime läßt sie von den dunklen Stoffen herabfließen. Blau. Grün. Gelb auf schwarz. Und niemand denkt mehr ans Alphabet im durcheinandergeworfenen Sinn.
Im Schlafzimmer leert Lucie Nägel aus dem Werkzeugkasten auf das Ehebett und steckt sie mit der Spitze nach oben in ungebackenen Kuchenteig, den sie gleichmäßig auf die Tagesdecke verstreicht. Die blickdichten Jalousien geschlossen, läßt sie das Zimmer im Dunkeln und zündet nur eine Kerze inmitten des Bettes an. Ein schöner Schein wirft spitze Schatten. Und Lucie seufzt vor Glück, sieht nach, ob die Kinder fest schlafen, und rennt in Windeseile sechs Stockwerke hinunter in den Keller, um tiefgefrorene Schollen aus der Gefriertruhe zu holen. Sie befiehlt ihnen, die Stiegen zu steigen, während der Fisch zwischen dem angetauten Eis sich lieber vermehrt.
Wo kommst du denn her?
Ein kleiner Rochen hatte sich verirrt und war zwischen zwei Eisbrocken in die Klemme gekommen. Lucie läßt das Tier als besonderen Fund zwischen ihren Brüsten verschwinden. Sei still, mein Liebling.
Inzwischen flutschen die halbtoten Tiere in die Küche und tür-

men sich unter wilder Begattung und Blitzgeburten bis unter die Decke. Fischlein deckt sich, Fischlein reckt sich. Und Lucie genießt den Anblick der Tiere, die aus ihrer Heimat endlich nach Wien in die Küche der Einsiedlergasse kamen, um die Sache zum Platzen zu bringen.
Wann das Eis wohl endgültig tauen würde? Lucie breitet vorsichtshalber im Vorzimmer ein großes Babyschwimmbecken aus. Sicher ist sicher. So würden sie überleben.
Vorsichtig bettet Lucie ihre zwei schlafenden Kinder in das Bassin und löscht das Licht. Der leise Schein der Schlafzimmerkerze und das Tropfen von Wasser von langsam auftauenden Schollen bringen Lucie neben ihren Kindern in einen tiefen Schlaf. Lucie, hallo, bist du es?
Sich am Grund mit den Flossen abstoßen und warten, bis Luftbläschen aufsteigen.
Zwei Meter mal zwei Meter. Tiefenrausch. Läuten. Dreivierteltakt und die Schiffe im Hafen. Ein Witz in der Ecke. Perle zwischen den Kiemen. Tiefgefrorener Gast.
Und so weiter.
Als Lobe den Herrn die Einsiedlergasse hinauf in die Wohnung ertönt, blinzelt Lucie und erkennt ihren Mann. Groß mit klackenden Absätzen, die durch das Vorzimmer laufen, kurz haltmachen, Grüß Gott sagen. Ein spitzer Mund, der sich zu den Kindern hinunterbeugt. Klack, klack.
Das Geräusch eines Zünders. Ein kurzer Lungenzug, und der Mann schiebt sich zwischen den Schollen hindurch in die Küche auf seinen Stammplatz. Reden ist Silber, Schweigen ist Gold, träumt Lucie. Und der unbewegte Mann zieht seine Schuhe aus, geht sich die Hände waschen und bleibt nach ein paar leisen Schritten an der Bilderwand zwischen den Schimpfwörtern als Fettfleck kleben.
Das wär's, ruft die Großmutter und nippt an einem großen Glas Whisky.
Zum Wohle, Lucie, willkommen in Wien.

Georg Pichler

UNTER UNS
oder DIE STRATEGIE DER ANGST

Was soll ich Ihnen sagen? Wir verfolgen keine eigennützigen Interessen, sondern tun alles vor allem für unsere Mitbürger in unserem Überberg, einem der schönsten Flecken des Landes, ein *noch* inländischer Ort, in dem *noch* die Einheimischen das Sagen haben. Das ist heute nicht mehr selbstverständlich. Dafür, ja, damit das so bleibt, dafür müssen wir kämpfen.

Mit unserem Nachbarort Nebenberg, der sich seiner angeblich demokratischen Verwaltung rühmt, haben wir seit langem nur Schwierigkeiten. Für uns ist Nebenberg mit seinen Gemeindepolitikern, die mit einer im Grunde falsch verstandenen gleichmacherischen Willkür ihre eigenen Bürger zu bevormunden versuchen, ein abschreckendes Beispiel. Wie Ahnungslose haben sie Tür und Tor sperrangelweit geöffnet für Trittbrettfahrer und Mitesser aller Art, für Leute, die keinen Beitrag, keine Leistung für den Volkskörper erbringen, sondern, im Gegenteil, für alle anderen eine Last sind. Entgegen den Interessen seiner eigenen Bürgerinnen und Bürger hat die Gemeinde Nebenberg all die Sozialschmarotzer, die Ausländer, die angeblich aus politischen Gründen emigrierten, aber in Wirklichkeit nur gierige Wirtschaftsflüchtlinge sind, Kriminelle und anderes halbseidenes bis finsteres Gesindel angelockt und versorgt sie nun reichlich aus den Steuertöpfen, die von den anständigen Steuerzahlern mit ihren hart erarbeiteten Beiträgen gefüllt wurden. Warum die Leute das akzeptieren und sich bestehlen lassen, war für uns immer schon ein Rätsel.

Wir Überberger hingegen haben uns seit jeher heftig dagegen gewehrt, mit Nebenberg etwas zu tun zu haben. Wir haben uns mit allem Nachdruck dagegen gewehrt, wir haben uns zu schützen gewußt, damit dieser nebenbergische Bazillus nicht auch in unserem schönen Überberg um sich greift. Früher hätten wir wie ein Mann mit Speer und Lanze gegen sie Krieg geführt, um unseren Volkskörper rein zu halten, um unter uns zu bleiben, um unsere Überzeugung zu verteidigen. Wir hätten sie und ihr Alle-Menschen-sind-gleich-Gefasel ein für allemal ausgerottet. Heute aber müssen wir uns anderweitig wappnen, absperren.

Also bauten wir Mauern, errichteten wir Zäune, gruben wir Gräben, um uns gegenüber Nebenberg abzugrenzen, machten unsere Grenzen dicht, damit nicht auch unser Überberg von dieser so eifrig von Wirrköpfen herbeipalaverten multikulturellen Pest befallen wird. Wir stellten Grenzposten auf, installierten Überwachungskameras, ließen regelmäßig Wachmannschaften patrouillieren, Warntafeln wurden montiert, in den Gazetten haben wir Artikel veröffentlicht, die die Konsequenzen deutlich ausmalten. Wir haben wirklich alles getan, um diejenigen, die bei uns nicht eindringen sollten, zu warnen, ja sie vor ihren eigenen Taten zu schützen.

Niemand von uns mußte zum Wachdienst an der Grenze gezwungen werden, zu meiner Freude machten alle freiwillig mit, jeder wußte, wo sein Platz ist. Es herrscht ein außergewöhnlich kameradschaftliches Klima hier bei uns, wir alle, nicht nur wir im Gemeinderat, sondern alle Bürgerinnen und Bürger, für die die Gemeindegemeinschaft der höchste Wert ist, haben ein gemeinsames Ziel: unser Überberg so lebenswert zu erhalten, wie der Ort heute ist. Niemand steht abseits, wenn es gilt, Überberg und seine Kinder gegen die zunehmende Bedrohung von außen zu verteidigen, mit allen Kräften, jederzeit. Als Bürgermeister war und bin ich mir nie zu schade, meine Aufgabe in diesem Kampf, bei Wacheinsätzen etwa, zu übernehmen. Jeder zählt in einer Gemeinschaft.

Ich habe mich immer als Anwalt der kleinen Leute gesehen, derjenigen, die brav und fleißig arbeiten, der Tüchtigen, die kein großes Aufhebens davon machen, sich zum Wohle der Gemeinschaft einzusetzen. Ich habe mich für die Lösung von Problemen stark gemacht, die oft genug für die anderen zu minder, zu banal waren, ich habe mich dabei sogar ab und zu gegen die eigene Partei gestellt, wenn ich der Meinung war, meine Parteikameraden überzeugen zu müssen, weil sie irrten.

Wir sind ja die einzige wirklich demokratische Bewegung in diesem Land. Weil wir wissen, wie die Menschen auf der Straße denken, was ihnen wichtig ist. Obwohl uns unsere Feinde oft genug als Faschisten abstempeln wollen. Die Menschen haben ein Gespür dafür, zu unterscheiden zwischen denen, die große Reden führen, und denen, die für sie eintreten. Sie wissen ganz genau, so wie wir, wo die Demokratie aufhört und Anarchie anfängt.

Garant dafür, daß solche Grenzüberschreitungen und allzu liberale Ausuferungen nicht passieren, ist unser Parteiobmann, den wir, das möchte ich mit Nachdruck festhalten, nicht Führer nennen, wenn wir unter uns sind (wie uns der politische Gegner denunziert). Erst vor kurzem beehrte er unsere kleine Gemeinde, um der Basis einen Besuch abzustatten. Auf dem besten Wege zum Bundeskanzler, hat er mit seiner Ausstrahlung und seinem Charisma voll und ganz überzeugt, hat uns alle wieder einmal in seinen Bann geschlagen. Ich war von der Wucht dieser Persönlichkeit und der Macht seiner Rede so beeindruckt und abgelenkt, daß ich nicht auf die Bedeutung der Worte achtete, sondern dem jeweiligen Gestus folgte, mit dem er eindrucksvoll die Wortfolgen aus sich herausschmetterte. Unglaublich, dieser Magnetismus und Druck, der von ihm ausgeht. Diesen Mann kann man nur verehren, dem muß man vertrauen und folgen.

Ich gehe auf in unserer Gemeinschaft, wir alle haben die gleichen Ziele. Unsere alteingesessene und nach wie vor gepflegte und zur schönen und erhabenen Tradition gewordene Volkskultur braucht keine fremden Einflüsse. Uns ist die Heimat genug, sie bietet uns alles, was wir brauchen. Unser Kulturbegriff greift natürlich weit aus. Wahres Volkstum gründet auf wahrhaftiger Volkskultur, und sie ist nicht nur erhaltens- und schützenswert, sondern lebensnotwendig, weil sie das Rückgrat unserer Zivilisation ist. Wollen wir sie – und in der Folge uns alle – nicht dadurch gefährden, daß wir an unserem gesunden Volksempfinden Schaden nehmen und somit in die Geiselhaft der internationalen Kultur- und Politmafia genommen werden, müssen wir uns vehement dagegen wehren. Wer das nicht will, soll doch zu seinen multikulturellen Freunden auswandern.

Jede Kultur, jede Gemeinschaft muß gehegt und gepflegt werden. Um den von allen gewünschten Kulturstatus zu erhalten, muß man ihn schützen und die jeweiligen Veränderungsmöglichkeiten und Gefahrenmomente ausgleichen. Es ist ein ständiger Wandel, ein Kommen und Gehen, ein Wachsen und Blühen, Aufstreben und Absterben, in der Kultur ebenso wie in der Natur. Das ist uns Jägern geläufig. Als Forst- und Jägersmann muß man auf die Verträglichkeit der jeweiligen Tierpopulation mit dem jeweiligen Forstgebiet achten. Auf eine Ausgeglichenheit, die man, wenn sie fehlt, wiederherstellen muß. Der Jäger weiß, und es gibt genaue Vorschriften dafür, was wo und wann geschossen werden darf. Wir schießen ja nicht aus Mordlust, wir Jäger sind keine Mörder, sondern garantieren durch unser Wirken, auch durch das Erschießen und Vertilgen, den weiteren Fortbestand des Wildes und des Waldes. Meine Liebe zu den Tieren ist ungeheuerlich, diese intensive Beziehung, die ich zu den Tieren aufbaue, die ich dann leider erschießen muß, ist unbeschreiblich. Aber diese Hingabe bleibt meistens verborgen.

Wir haben unsere Ansichten immer offen vertreten, haben unsere Gesinnungen nie verheimlicht. Besonders in letzter Zeit, als plötzlich überall, europaweit, die Grenzen aufgerissen worden sind. Heute gibt es fast keine wirksamen Barrieren mehr gegen die Flüchtlingsströme aus dem Osten. Wir sind gezwungen, selbst Abhilfe zu schaffen, um diesen neuen drohenden Völkerwanderungen Paroli bieten zu können, um nicht diesen Invasionen schutzlos ausgeliefert zu sein, um nicht mit gebundenen Händen zuschauen zu müssen, wie Schieberbanden massenweise Auswanderer in den Westen, zu uns verfrachten. Hier glauben diese Leute dann, sich alles leisten zu können, sich nicht mehr zurückhalten zu müssen, denn hier gibt es ja scheinbar alles, also geben sie sich alles. Und was passiert bei uns? Unsere naiven Weltverbesserer stellen sich selbstverliebt und verblendet hin und wollen sich mit all denen verbrüdern und schneiden sich damit selbst und ihrem eigenen Volkskörper ins Fleisch. Sie stellen sich gegen die eigene Familie, gegen das eigene Volk, gegen den eigenen Staat. Dabei ist die Ablehnung von Fremden etwas ganz und gar Natürliches. Das ist Instinkt. Vorsicht und Instinkt.

Wenn wir uns nicht wehren, herrschen auch bei uns bald Verhältnisse vor wie in etlichen amerikanischen und westeuropäischen Großstädten, wo die Weißen bereits die Minderheit in der eigenen Heimat bilden. Immer mehr Neger und Orientalen werden sich bei uns einnisten, in unseren Häusern, auf unseren Straßen und Plätzen wird kaum mehr Deutsch gesprochen werden. Das Visum und dann die Staatsbürgerschaft werden ihnen von Staats wegen sowieso schon jetzt direkt aufgedrängt, sie kommen daher und nehmen unseren arbeitssuchenden Mitbürgern die Arbeit weg. Die ganz Schlauen leben gleich von der Sozialhilfe oder gehen eben betteln. Mit hereingelassen werden in diesem Sog alle möglichen Kriminellen. Ich kann immer wieder nur unterstreichen: Wir wollen keine Vermischung. Jedes Volk hat das Recht, seine Identität zu bewahren. Wenn alle hereingelassen werden ohne zu selektieren, ist das eine immense Bedrohung für die deutsche Mehrheit.

Wer die Landnahme fremder Völker zu Lasten der einheimischen Bevölkerung favorisiert, tritt im Grunde dafür ein, daß wir uns als Volk aus der Evolution verabschieden. Wer die Umvolkung der Österreicher betreibt, nur um den deutschen Charakter des Landes zu tilgen, muß sich den Vorwurf des antigermanischen Rassismus gefallen lassen. Europa insgesamt täte gut daran, sich verstärkt gegenüber der übrigen Welt abzuschotten. Nur unsere Abgeordneten-Kapazunder von links bis schräg werden weiter einladen und von Humanität reden, bis eine Keule ihren Hirnfunktionen ein Ende setzt, wenn sie selbst woanders einmal dringend um Asyl ansuchen wollen.

Ich habe mich mit der Ausländerfrage beschäftigt, im Gegensatz zu den selbsternannten Menschenfreunden, die glauben, durch einen uneingeschränkten Zuzug könnten auch wir profitieren. Aber ich sage Ihnen, die, die sich aus nationalem Selbsthaß oder aus scheinheiligen, pseudochristlichen moralischen Gründen für die Aufnahme von Ausländern aussprechen, werden zu Verrätern am eigenen Volk und versündigen sich an der historisch gewachsenen Vielfalt in Europa. Schauen Sie, auch diesen armen Teufeln ist ja nicht damit geholfen, daß sie sich vom Bosporus zu uns nach Mitteleuropa verpflanzen. Hier werden sie immer Fremde bleiben, und auch wir werden Fremde werden in der eigenen Heimat. Auch sie haben das Recht auf ihre eigene Nation. Sie sollen bleiben, wo sie zu Hause sind. Letztlich ist das Stoppen der Überfremdung auch in ihrem eigenen Interesse. Die Vermischung unterschiedlichster Volkselemente ist sowieso schon in vielen Ländern praktizierte Rassenschande. Wir brauchen das hier bei uns nicht. Wir wollten, unter uns gesagt, schon immer unter uns bleiben, nur unter uns.

Wir haben gewarnt, wo wir nur konnten. Was hätten wir tun sollen? Seelenruhig zuschauen, wie unser Überberg zu Klein-Istanbul wird? Untätig bleiben, wenn sie alle Vorschriften der Gemeinde mißachten, sich über alle hiesigen Verbote hinwegsetzen. Wir konnten doch nicht zulassen, daß sie sich wie ein Heuschreckenschwarm bei uns breitmachen. Sie, die Ausländer, sind nämlich die wahren Umvolker. Wir wollen doch nur unter uns bleiben. Ist das ein Verbrechen? Das ist ein Menschenrecht.

Gott sei Dank, muß ich sagen, waren wir dort am Waldrand, an der Grenze zu Nebenberg postiert. Nicht auszudenken, was passiert wäre, wenn sie ungehindert hätten eindringen können. Wir wollten sie aufhalten, was unser gutes Recht ist. Wir wollten sie nicht abknallen. Ich wollte nicht schießen. Aber wie da die drei dunklen Ausländer, die ausgeschaut haben wie Zigeuner, von Nebenberg kommend die Grenze nach Überberg, ohne im geringsten zu zögern, überschritten haben, als wären sie in irgendeinem Balkantal, als sie die Warntafeln nicht beachteten (was können wir dafür, wenn sie nicht lesen können, kyrillische Übersetzungen können wir nicht bieten) und weiterhin vordrangen in unser Überberg hinein, da mußten wir handeln.

Ich schoß auf einen älteren Mann mit Schnauzbart. Die Kugel traf ihn zwischen den Augen, knapp über dem Nasenansatz. Er sank zusammen und blieb, die Arme und Füße von sich gestreckt, mit dem Rücken auf der Wiese liegen. Zwei dünne rote Blutfäden liefen links und rechts an seiner Nase vorbei zum Kinn und dann auf die linke Seite seines schräg liegenden Schädels. Ich war überrascht von der Präzision und Schnelligkeit. Es war das erste Mal, daß ich auf einen Menschen schoß. Ein Hirsch oder ein Reh bewegt sich nach dem Angeschossenwerden noch, manchmal kommen sie sogar noch sehr weit. Aber dieser Angeschossene blieb auf derselben Stelle hingestreckt liegen, an der ihn der Schuß getroffen hatte.

Die beiden jüngeren Männer bückten sich, nachdem sie zuerst aufgeregt hin und her gingen und sich mit vor Angst weit aufgerissenen Augen umschauten, zum Erschossenen hinunter, ungläubig die Arme des Leblosen auf und ab pendeln lassend. Keiner kam auf die Idee, hinter einem Baum oder einem Strauch Deckung zu suchen. Zugegeben, es hätte nicht viel genützt. Das heißt, wenn sie sich umgedreht und schnurstracks am Waldrand entlang wieder über die Grenze nach Nebenberg zurückgelaufen wären, hätten wir aufgehört. Aber offenbar wußten sie selbst nicht, in welche Richtung sie wollten, sie gingen einfach weiter, wie befürchtet auf unser Überberg zu, den Toten schleppten sie, zwischen ihnen eingehängt (die Arme des Leichnams über ihre Schultern gelegt), mit.

Ich wollte nicht mehr, als aber meine beiden Kameraden auf die Männer und den Toten schossen, zielte auch ich und ballerte wie im Rausch, solange sich etwas bewegte. Die beiden Männer fielen fast zeitgleich mit dem schon länger Toten um, den einen trafen mehrere Kugeln in den Brustbereich, ich sah deutlich die rotgewordenen Stellen, den anderen mehrere Schüsse in den Schädel und in die Beine. Dann konnte ich vor lauter Einschüssen die Treffer nicht mehr unterscheiden. Alles verschwamm mir vor den Augen, es war, als wäre ein Vorhang zugezogen worden.
In dem Zustand der Ernüchterung und Überklarheit, den ich gut von der Jagd kenne als einen Hellwachzustand nach einer aufregenden, bis zum Zerbersten sich steigernd angespannten Zeitspanne, packten wir die drei Leichen, zerrten sie in den Wald und verscharrten sie.
Es war, als wäre die Zeit währenddessen stillgestanden. Denn als wir wieder an die Stelle am Waldrand kamen, bis zu der die Ausländer gekommen waren, war dort nichts mehr, es war, als wäre dort nie etwas gewesen außer dem Gras und dem Klee der Wiese, die aber besonders sauber, wie reingewaschen.
Was soll ich Ihnen sagen. Es war Notwehr. Nach euren Gesetzen könnt ihr mich schuldig sprechen, schuldig, meine Gesinnung ernst genommen und in die Tat umgesetzt zu haben, schuldig, unsere Kultur, unsere Familien, unsere Kinder und zukünftigen Nachkommen geschützt zu haben, schuldig, etwas erledigt zu haben, was erledigt werden mußte, schuldig, die Sache des Volkes, unserer Wähler, vertreten zu haben, aber es ist fraglich, wie lange eure Gesetze noch Geltung haben werden. Ich hoffe, freigesprochen zu werden, so wie ich von meinem Gewissen freigesprochen worden bin und so wie in meiner Gemeinde gerade jetzt erst recht jeder zu mir steht.

(In den Text eingebaut sind wörtliche Zitate von Politikern der Freiheitlichen Partei Österreichs.)

Claudia Seidl

GRENZGANG

Der Vater geht aus dem Zimmer. Seine Mutter meint vorwurfsvoll: Jetzt hast du ihn beleidigt! Die Tochter weiß nicht, womit.

Die Tochter wird bei der Großmutter für drei Wochen im Sommer gut aufgehoben. Dorthin fährt auch der Vater, zweimal die Woche 140 Kilometer. Besucht er sie? Seine Mutter?

Bei jeder Begegnung gibt es einen Kuß zur Begrüßung – für ihn und seine Frau. Blut allein verbindet nicht.

Gelbe Finger vom Nikotin. Eine Packung Kent liegt auf jedem Tisch, an dem er sitzt. Der Vater: ein Kettenraucher. Er zündet sich die nächste Zigarette an, ohne die vorigen fertig geraucht zu haben.

Die Tochter zerbricht am Zigarettenrauch ihren Kopf, so lange, bis sie kein Licht mehr sehen, keinen Rauch mehr riechen kann. Sie muß gehen – ins Dunkle, Kühle – allein.

Er hält zwei Bücher in der Hand: Er habe sie von der Tochtermutter geschenkt bekommen – ihn haben sie nie interessiert. Sie beide hätten eben nichts gemeinsam gehabt. Nun schenkt er sie der Tochter – sie sei ihrer Mutter ähnlich genug, um etwas damit anfangen zu können.

Im Geburtenbuch der Eintrag: ... hat mit Zustimmung seines gesetzlichen Vertreters beim Stadtjugendamt die Vaterschaft zu dem Kinde anerkannt.

Die Tochter versteht darunter: Keine Geburtstags-, Weihnachts- oder Ostergrüße vom Vater. Die schreibt seine Mutter.
P. S. Vati läßt grüßen.

Die Tochter verkündet jedem, der es wissen will, sie hätte keinen Vater. Trotzdem küßt sie ihn jährlich zum Abschied.

Zu jedem Geburtstag im Brief der Großmutter eine 500-Schilling-Silbermünze. Von ihm. Angeblich.
Seit er Haus baut, hat der Vater leider nur sehr wenig Geld übrig. Das erklärt er jährlich dem Jugendamt, seit eine Erhöhung der Alimente ansteht, bestätigt die Akte. Nur zahlen, das ist ihm zuwenig, erklärt seine Mutter. Er schweigt.

Mit 14 beschließt die Tochter: keine Besuche mehr, nur noch kurze Briefe an die Großmutter zu den heiligen Zeiten: Nikolo, Weihnachten, Ostern.

Zu einer neuerlichen Verhandlung am Vormundschaftsgericht erscheint der Vater nicht – die Tochter erfährt nicht, wieso.

Drei Wochen später ein Telegramm: vati tot, begräbnis mittwoch 11 uhr. oma.

Dem Vater wie aus dem Gesicht geschnitten, behaupten die Leute im Dorf. Sie kennen die Tochtermutter nicht. Ganz die Mutter, sagen die Freunde in der Stadt. Sie haben den Vater nie gesehen.

Sie sitzen, eingesponnen in ein Buch, auf der Couch und warten. Keiner kann die Stille unterbrechen. Was sagen? Erzählen wovon?

Wer spricht, benennt und macht Sinn. Er stellt sich dem anderen.

Ich erinnere mich an keine Begegnung zwischen meiner Mutter und dem Vater. Obwohl es solche gegeben haben muß.
Ich erinnere mich an keine Sprache zwischen mir und dem Vater. Es gab sie nicht.

Christian Sova

ALTES EISEN

Den Sonntagsanzug hatte er das letzte Mal an einem Wochentag getragen, als die geliebte Mutter dem Vater in die Ewigkeit gefolgt war. Jahre ist es her, doch die Erinnerung lag immer noch knapp vor ihm, ganz dicht, wie das Tal an diesem Morgen, das er überblickte bis hinüber in die andere Welt, die unsichtbare Trennung. Damals, an jenem Wochentag, war das halbe Tal gekommen, um ihr die letzte Ehre zu erweisen, unten, auf dem kleinen Dorffriedhof, den er zwar von seinem Fenster aus nicht ausmachen konnte, dessen Lage aber durch den Kirchturm mit dem Wetterhahn deutlich markiert war. Auch heute war das Dorf wieder auf den Beinen. Und wieder stand er mit im Zentrum des Interesses, wenn auch nicht unmittelbar und allein, aber doch mehr betroffen als die meisten anderen.
Sein Vorgesetzter hatte ihm und seinen Kollegen erlaubt, in ziviler Kleidung zu kommen. Schließlich feierten sie die Auflösung des Postens und keiner hatte mehr Dienst zu verrichten an diesem Tag, der jetzt, da es langsam gegen Mittag ging, immer freundlicher wurde und sogar hin und wieder lächelte, wenn auch nur für kurze Abschnitte. Er griff seinen Wanderstock, den er immer zum Absteigen benutzte, und machte sich auf den Weg. Wie jeden Tag umrundete er, bevor er den Weg hinunter antrat, das Haus und blickte auf allen vier Seiten durch die Fenster ins Innere. Ganz gleich, von welcher Seite er hineinstarrte, ein immer gleiches, ordentliches Bild begegnete seiner Kontrolle. Sogar das Hemd und die Uniform für den morgendlichen Dienst lagen schon bereit, auch wenn es diesen Dienst am Tag

nach diesem Tag nicht geben würde. Vergessen wartete die Kappe neben dem Hemd und der grünen Hose, die Kante an Kante auf der Tischplatte schlummerte, faltenfrei gebügelt und gestärkt.
Der Weg ins Tal war steinig. Genau fünftausenddreihundertvierundachtzig Schritte bis vor das Hauptportal der Kirche, dann die Verbeugung und der Sanktus – wie immer –, dann noch vierhundertsiebzehn weitere Schritte bis zum Posten. Der Schranken sah an diesem Tag anders aus als sonst. Jemand hatte einen Blumenkranz daran gehängt, beinahe an der Spitze, die er so gerne beobachtete, wenn sie mit Schwung und dem sauberen Geräusch von Metall auf Metall in ihre betonierte Fassung stürzte, immer noch respekteinflößend, wie er fand. Doch das sollte nun alles Vergangenheit werden mit diesem Tag.
Einige Leute grüßten ihn. Manche sogar freundlich. Gegenüber dem Posten, auf dem Autoabstellplatz, hielt der Bürgermeister hof und war von einigen Journalisten aus der Stadt umringt. Auch ein Politiker aus der Stadt stand neben dem Bürgermeister, einer, dessen Namen er kannte, aber niemals ankreuzen würde – und nach diesem Tag schon gar nicht mehr. Von der Kirche aus machte sich eine Blasmusikkapelle auf den Weg zum Posten hinauf; ihr Spiel wurde zunehmend lauter, feierlicher, die Gesichter der Musikanten wurden immer deutlicher, und er beschloß, sich jeden einzelnen aus der Kapelle zu merken, einfach so, ohne bestimmten Grund, aber vielleicht für später, dachte er, und ballte die Faust in der Hosentasche unbemerkt von allen bekannten und unbekannten Gästen.
Reden wurden geschwungen, langatmig, unnötig, erst der Bürgermeister, dem man sowieso schon lange nicht mehr zuhören konnte, dann der Politiker aus der Stadt. Und dann auch noch sein Vorgesetzter, der sich in seinen Augen zum Verräter machte in diesem Moment, an diesem denkwürdigen Tag, der für viele Glück bedeutete, der für ihn nur bitteren Beigeschmack hatte. Wenigstens mußte er nicht von diesem Tag an Dienst im Gemeindeamt tun wie seine anderen, jüngeren Kollegen, er nicht, der alte Fuchs, der mit seinen über fünfunddreißig

Dienstjahren dem wohlverdienten Ruhestand entgegengeschoben wurde, unter freudigem Gelächter, unter Applaus, unter Zwischenrufen steckte man ihm einen Verdienstorden an die Brust, dessen Nadel sein Herz zu durchbohren schien. Schließlich noch diese Hände, die geschüttelt werden wollten, Hände, die zu stets lächelnden Gesichtern gehörten, die sich mit ihm auf Fotografien zusammendrängten, deren Mißlingen er bei jedem Öffnen und Schließen der Verschlüsse erflehte.
Die eigentliche Attraktion des Tages war ohnehin nicht er, sondern der riesige Bagger, der die ganze Zeit im Hintergrund gestanden hatte, als würde er das muntere Treiben beobachten. Jetzt hatte ihn jemand in Bewegung gesetzt; der Boden zitterte unter seinem Motorengeräusch, und alle Gesichter wirkten verwackelt. Da war dieser kurze Schrei des Schrankens, zwar auch metallisch, aber nicht so reibungslos und genormt wie beim Schließen, sondern schmerzhaft und verzweifelt, beinahe ein Tierlaut. Kurz war er und unwichtig, nur für ihn nicht, denn er vernahm ihn tief in sich und nahm ihn mit, wo immer er hingehen würde, das wußte er gleich in diesem Moment. Zur allgemeinen Belustigung walzte die unbarmherzige Maschine auch noch das Wartehäuschen nieder, man hatte vorher darüber abgestimmt und gegen dessen Verbleib entschieden. So nahm man auch jener Stelle alle Geschichte, an der er so viele Jahre stehend verbracht hatte, im Nebel, im Regen, in der Kälte – in Blindheit.
Geschickt konservierte er seine Wut, freute sich rein gar nicht über die Dinge, die um ihn herum passierten, die sein Leben auf einen unbedeutenden Orden an seiner Brust reduzierten, der sicher nur versilbert und außerdem schief angesteckt worden war. Er lächelte politisch. Am Ende der Zeremonie durfte, vielmehr mußte er sich mit den Ehrengästen als bis dato diensthabender Beamter in das Buch der Gemeinde eintragen, eine Ehre für seine jungen Kollegen, eine Schande für ihn. Lange starrte er dem Adjutanten des Bürgermeisters nach, als dieser mit dem in Leder gebundenen Buch nach der Präsentation der Unterschriften wieder in einem anderen Raum verschwunden war. Er malte sich diesen anderen Raum aus, den er nicht

kannte. Er stellte sich den Schrank vor, in dem das Buch abgelegt und der verschlossen wurde. Seine Finger öffneten das Schloß im Traum, brachen es auf, entwendeten das Buch, zerrissen es, verbrannten es.
Danach trafen sich alle im größten Wirtshaus des Dorfes. Es wurde gespeist und getrunken, ausgiebig und auf Kosten des Ortes, also auch auf seine Kosten, wie damals nach dem Tod der Mutter. Er zog sich bald zurück, ergriff noch zwei oder drei Hände ehrlich, alte Hände von seinem Schlag, die restlichen flüchtig, unwichtig, nebenbei.
Den Weg hinauf nahm er schneller als sonst, also mit mehr Schritten als nötig, da sie kürzer waren. Dafür mit Schritten, die noch lange nicht zum alten Eisen gehörten, nein, mit federnden Schritten der Jugend, mit verläßlichen Schritten, deren Klang er sich immer wieder in größerer Zahl herbeisehnte.
Zu Hause angekommen, begann er mit seiner eigentlichen, persönlichen Trauerfeier. Er vernachlässigte sogar seine Ordnung und ließ die sechs Bierflaschen allesamt auf dem Tisch stehen, auf dem auch seine Füße ruhten, als er bereits in Tiefschlaf gefallen war. Dazwischen überlagerten sich die Jahre, dokumentiert auf Fotos von sich und dem Vater, von Kollegen, natürlich alle in Uniform, schneidig und sauber. Auf einem Bild war auch die Mutter zu sehen, stolz zwischen ihren beiden Männern, oder auch nur zu Stolz genötigt in all den Jahren. Die Fernbedienung lag neben ihm, der Fernseher lief noch. Die Uhr schlug zehn, weckte ihn aber nicht, das Gespräch der obersten Politiker des Landes war noch im Gange und wurde in alle Haushalte übertragen. Jeder, der etwas zu sagen hatte, war anwesend. Sie sprachen über das Thema, das auch ihn in den letzten Wochen und an diesem Tag so beschäftigt hatte, aber meistens schrien sie sich nur an. Eigentlich war es egal, ob er schlief oder nicht. Schließlich war seine Meinung längst gebildet. Wozu also hätte er noch zuhören sollen? Darüber hinaus war der Empfang an dieser Stelle des Tales schlecht, und das Programm vermischte sich mit dem Sender und der Sprache aus der anderen Welt am anderen Ende des Tales. Am Ende der Übertragung blieb nur ein blaues Flimmern über, und

Stimmen, deren Gemurmel keinen Sinn ergab. Sein lautes Schnarchen war aufschlußreicher.
Schwerfällig entstieg er am nächsten Morgen seiner Schlafstätte. Die morgendliche Körperpflege war beherrscht von dem Gedanken, an diesem Tag nicht hinab ins Tal steigen zu müssen, um den Dienst zu verrichten. Das eiskalte Wasser machte ihn zucken, sein ganzer Körper vibrierte, und er stieß verschreckte Zischlaute aus, die im ganzen Haus zu hören waren. Er ließ seine zurechtgelegte Uniform ohne weitere Beachtung warten und wählte sein militärgrünes Freizeitgewand, das er immer dann vom Haken ganz in der Ecke im Kasten nahm, wenn die Zeit reif für die Jagd war. Nachdem er adjustiert war und den Hut mit dem Gamsrelikt auf seinem Kopf zurechtgerückt hatte, griff er sich die alte Flinte im Schrank. Er hatte sie in der Ecke gleich neben dem Jagdgewand gelagert, nicht gerade versteckt, aber doch stets gesichert und ungeladen, obwohl er so gut wie nie Besuch empfing und außer ihm ja nie jemand das Haus betrat. Die Sonne kroch gerade hinter den Gipfeln im Osten hervor, als er das Haus verließ, die Tür mit ihren drei schweren Schlössern hinter sich schloß, seinen Rucksack mit leichtem Proviant schulterte und durch den Nebel hinauf zum ersten Kamm stieg. Es würde ein schöner Tag werden, alle Zeichen standen günstig dafür, und schon zu dieser Zeit hatte er die Stelle genau im Kopf, an der er vor einigen Wochen mächtige Hirsche beobachtet hatte, deren Geweih er sich gut an einer seiner vier Wände vorstellen konnte. Trotzdem war etwas anders an diesem Morgen. Die Zeit hatte seit dem gestrigen Tag eine andere Bedeutung für ihn bekommen und irgendwie gefiel ihm der Gedanke, nicht mehr auf die Uhr blicken zu müssen, nicht mehr seinen Dienst unten im Ort am Schlagbaum antreten zu müssen, der seit gestern Geschichte war; Vergangenheit, die er unsicher vor sich herschob.
Der Nebel entließ das Tal nur langsam aus seiner festen Umklammerung, doch seinen schmalen Weg geleitete die Sonne, die Wald und Wiese vor ihm zum Leben erweckte. Überall kroch und zwitscherte es, ein leichter Wind schüttelte jeden Schlaf endgültig aus den Gliedern der Natur, ein sanftes, beina-

he zärtliches Erwachen, so ganz anders als sein tägliches, zackiges Morgenprogramm. Am späten Vormittag nahm er die erste Zwischenmahlzeit an einem schattigen Plätzchen in bereits beträchtlicher Höhe ein. Sein Atem roch schlecht und ein gewisses Zittern in seinen Händen beunruhigte ihn für einige Augenblicke, doch die erste Dose Bier und ein Schluck des mitgebrachten Schnapses – ein Privatgebräu eines Kollegen – gaben ihm die vermeintliche Sicherheit zurück, um die er sich nicht ernsthaft gesorgt hatte. Seine fettigen Finger griffen nach der Flinte, die sauber zum größten Teil in einem Lederhalfter steckte, den er bei seinem letzten Besuch in der Stadt gekauft hatte. Geschickt zog er die Waffe heraus und betrachtete sie fasziniert von allen Seiten. Schließlich legte er sie routiniert an seine Schulter, prüfte Kimme und Korn fachmännisch mit beiden Augen und visierte einen geknickten Ast etwa fünfzig Schritte entfernt an, den er in Gedanken und mit einem Ruck am Abzugshahn entzweischoß.

Die Stelle, die er die seine nannte, lag auf einer Anhöhe, etwa siebzig Meter oberhalb der Baumgrenze. Ein kleiner Felsvorsprung am Rand eines Geröllfeldes, das nach Westen steil abfiel und aus keiner anderen Richtung zugänglich war. Dieses perfekte Versteck für einen waidmännischen Hinterhalt hatte ihm ein Bauer aus dem Tal verraten, und seine Augen bekamen jedesmal ein seltsam erwartungsvolles Leuchten, wenn er sich auf dem unbequemen Untergrund liegend zurechtrückte und sein Fernglas über das Zielgebiet vor ihm schwenkte. Dort unten, unmittelbar an der Baumgrenze, breitete sich eine Schneise zwischen zwei Waldstücken aus, die vom Wild mit Vorliebe für Querungen genutzt wurde. Aber nicht nur die Baumgrenze trennte hier die beiden Waldstücke voneinander, sondern auch die Staatsgrenze verlief entlang dieser Lichtung. Das hatte ihm der Bauer damals anhand der detaillierten Karte bewiesen, die er immer auf seinen Jagdgängen mit sich führte. Die Grenze machte in diesem Gebirgszug die sonderbarsten Wendungen, beinahe Schritt für Schritt konnte man hier Land und Nation wechseln, aber an dieser Stelle war völlig klar, von wo man kam und wohin man ging. Wer die Lichtung von Süden her

überquerte und nach Norden ging, kam aus der Fremde, das stand zweifelsfrei fest. Nein, er würde kein Wild heute an dieser Stelle kreuzen lassen, aus keiner Himmelsrichtung in eine andere, aber ganz besonders nicht von Süden nach Norden, das hatte er sich schon gestern während der Zeremonie geschworen. Offenbar wollte es das Schicksal, daß man ihn vertrieb, nach hierher, nach hier oben, in die vollkommene Unberührtheit der Natur, wo andere Gesetze zählten. Welche Ironie, dachte er, daß ich heute an dieser Stelle auf der Lauer liege und nicht mehr unten die Straße bewache, wie so viele Jahre lang. Er wollte es allen beweisen, die ihn längst zum alten Eisen zählten, die ihn für unnötig erachteten und sich ob der Auflösung der Grenze freuten. Den größten Bock, den ihr je gesehen habt, werde ich euch schießen, schwor er ins Tal hinab, dann legte er seine heiße Wange auf den kühlen Lauf der Flinte und gönnte sich einen kleinen Mittagsschlaf in der sengenden Sonne.
Als er erwachte, dauerte es einige Minuten, bis er sich orientieren konnte. Er hatte wohl einige Stunden geschlafen, soviel stand fest, doch es war immer noch hell, wenn die Sonne nun auch schon tief stand und sein Nacken wie Feuer brannte und bestimmt gerötet war. Er vertrug die Sonne nicht. Einmal, als er das Land im Süden gegen seinen Willen mit den Kollegen anläßlich eines Betriebsausfluges besucht hatte, versengte sie ihm die unbedeckten Hautstellen. An diesen Aufenthalt erinnerte er sich nur ungern. Die große Hitze hatte ihm schwer zu schaffen gemacht, ihm, dem Unverwüstlichen vom Berg, und dann noch diese unverständliche Sprache, von der er nur einige Wörter kannte, aber sich dagegen gewehrt hatte, sie zu benutzen. Jeder soll die Sprache sprechen, die ihm, die seinem Volk gehört, dachte er. Wozu andere Sprachen, wenn mich nicht einmal im eigenen Land alle Leute verstehen, dachte er. Wozu das Ganze also?
Nichts war aus dem großen Bock geworden. Zwar hatte er sich für den Hinterhalt zurechtgemacht, aber sein Opfer war ausgeblieben. Vom Westen her umzingelten dunkle Wolken den blauen Himmel. Ein frecher Wind kam auf und trug das Grol-

len des fernen Donners ganz nah an sein wachsames Ohr heran. Fluchend richtete er sich ein wenig auf und starrte nach oben. Unmittelbar schwand seine Gier nach einem Abschuß, die umschlagende Witterung drückte auf sein Gemüt. Sogleich beschloß er den verfrühten Aufbruch. Ein letztes Mal glitt sein Blick durch das Fernglas über die Lichtung, die eine Hand bereits am gepackten Rucksack, als sich plötzlich am Südrand des Waldes etwas bewegte, das sofort seine Aufmerksamkeit beanspruchte. Er zuckte zusammen, rollte sich beinahe ein, ohne das Geäst aus dem Sucher zu verlieren. Seine Finger zitterten plötzlich gar nicht mehr, als er die Optik des Glases verschärfte und erkannte, was da aus dem Wald auf die Lichtung zusteuerte. Sechs Gestalten standen im kniehohen Gras. Zwei Männer, eine Frau und drei Kinder duckten sich dort unten langsam vorwärts. Umsichtig, das Gelände lesend, schlichen sie weiter, mit kleinen Schritten, keinesfalls ortskundig, das erkannte er sofort. Erst jetzt, da er die Frau genauer beobachtete, bemerkte er das kleine Kind, das sie in notdürftig zusammengeknoteten Tüchern an ihren Körper gewickelt hatte und bei jedem Schritt inniger an sich zu drücken schien. Die beiden Männer waren Brüder, zumindest dachte er das, da sie sich sehr ähnlich sahen und auch die gleichen Bewegungen vollführten. Die Kinder, zwei Buben und ein Mädchen, hatten dunkles, fast schwarzes Haar, ebenso wie die Erwachsenen. Die Buben unterschieden sich durch die Männer, weil sie keine Schnurrbärte trugen, das Mädchen hatte sein Haar offen, die Frau mit dem Kleinkind hatte die ihren unter einem bunten Tuch versteckt. Erschöpft zogen sie über die Lichtung, deren erstes Drittel sie bereits zurückgelegt hatten. Sie erinnerten ihn an den angeschossenen Bock, den er einmal über mehrere Stunden hinweg verfolgt hatte, bis er ihn schließlich zur Strecke bringen konnte. Grenzgänger, wahrscheinlich illegal, schoß ihm im nächsten Moment durch den Kopf, und während er noch die Bedeutung dieser Worte einzuordnen versuchte, kontrollierte der Jäger in ihm bereits instinktiv die Patronen in der Kammer seiner Flinte, auf die immer noch der größte Teil seines Körpers drückte. Schnell hatte er berechnet, daß diese kurze Karawane des Elends noch etwa fünfunddreißig Sekunden in seinem Zielbereich verweilen würde, bei gleichbleibendem Tempo vorausgesetzt, und daß er dreimal nachladen müßte, um alle unschädlich zu machen, wenn ihm das überhaupt gelänge, obwohl er ein guter Schütze und ein flinker Nachlader war. Wieder blickte sich die Frau nach Süden um, zum Waldrand, nach etwaigen Verfolgern Ausschau haltend, die nicht kommen würden, das wußte er, nicht von dieser Seite. Er war der einzige, der sie hätte aufhalten können, vielleicht das letzte Bollwerk hier oben, nur mit der Natur als Zeugin, aber wofür, dachte er.

Er überlegte kurz und entschied, nicht zu feuern, er hatte seine Lust darauf in eine vernünftige Bahn gebracht, und erfreute sich noch den verbleibenden Rest der Zeit an seiner beherrschenden Position und weidete sich an dem Anblick, den die Menschen unter ihm abgaben. Als die Frau mit dem Kleinkind noch etwa fünf Sekunden in seinem Zielfeld war, schoß er hoch über ihren Kopf hinweg. Sie warf sich sofort auf den Boden und wartete die Sekunden ab, bis sich der Hall über den Wipfeln der Bäume verzog und gegen den Himmel entwich. Dann griff eine Hand nach ihr, half ihr auf und zog sie weiter. Das zu beobachten erfüllte den Jäger mit Genugtuung, ein wenig Gerechtigkeit für die Schmach der letzten Wochen und Monate, wie er dachte.

Sein letztes Bier aus dem Rucksack trank er mit dem Gefühl des Siegers in der Brust. Jetzt wurde es langsam dunkel, und er beschloß, die halbe Stunde zur Lichtung hinabzusteigen, um die Fährte der Gehetzten im Restlicht der Dämmerung zu betrachten. Er würde ihnen nicht folgen, er würde sie verschonen, großzügig, seiner Stellung würdig, andere Triumphe würden folgen, bald, dachte er.

Das Gras der Lichtung war schon feucht, als er am Fuß des Felsens angekommen war. In der Idylle der einsetzenden Nacht zeugte nichts mehr von dem ohrenbetäubenden, furchteinflößenden Knall, der noch Minuten zuvor die Umgebung in Totenstarre und die erschöpften Kreaturen aus der verhaßten Windrichtung zur panischen Flucht aufgefordert hatte. Hechelnd, beinahe bodenleckend lief er die Lichtung auf und ab und suchte etwas zu finden, das er sich selbst nicht einmal annähernd vorstellen konnte. Wie sieht sie wohl aus, diese Angst, dachte er, dieses Entsetzen, das er noch kurz zuvor im Gesicht der Frau mit Genugtuung zur Kenntnis genommen hatte. Wie riecht sie, wie kann sie noch aussehen, und warum zeigt sie sich mir nicht mehr, ärgerte er sich. Doch nichts geschah in der Folge, außer der Nacht, die sich schützend über das ganze Tal legte und in ihrem Gefolge das Gewitter mit sich führte, das jetzt die ersten Blitze über die Gipfel im Westen in Richtung seiner Heimat schickte. In dieser Gegend hatte er keine Angst vor einem Wetterumschwung, nicht weit von dieser Stelle kannte er eine Hütte, die er zur Nachtruhe aufsuchen würde. Es gab ja nichts am nächsten Morgen, was ihn zur Pünktlichkeit veranlaßte oder ihm wichtig war. Gleich würde er sich in Richtung Nachtlager aufmachen, da war nur noch dieser Druck, dieses Bedürfnis, ausgelöst durch das genossene Bier und den dazugehörigen Schnaps, das ihn kurz in die Büsche bemühte. Obwohl die Bäume seiner Heimat näher zu ihm standen, entschloß er sich, die Entleerung drüben bei den Nachbarn vorzunehmen, und überquerte die Lichtung. Nachdem er seine Notdurft verrichtet hatte, machte er kehrt, sammelte seine Habseligkeiten aus der Wiese auf und stapfte davon. Hinter seinem Rücken setzte bereits der Regen ein, der schnell dichter wurde und den Boden des Waldes und der Lichtung gründlich ausschwemmte und alles Flüssige zügig zu Tal förderte. Weiter unten, ungefähr zweihundert Meter über jener Linie, an der einige Kilometer entfernt sein Haus lag, würde das Wasser mit dem Bach zusammentreffen, der das Tal nach Nordosten ausspülte, hinein in sein Land und dann wieder hinein in einen anderen Fluß, der noch einige hundert Kilometer entlang der Grenze lief, bevor er endgültig ein anderes, ein drittes Land mit seiner Lebendigkeit beehrte. An all das dachte er nicht, als er sich schnellen Schrittes in Richtung der trockenen Hütte aufmachte, geduckt und mittlerweile frierend, in den aufgeweichten Spuren seiner fliehenden Vorgänger.

Sylvia Treudl

BERGWERTUNG

Herminia verläßt die Zahnradbahn an der Mittelstation. Es ist noch ziemlich kalt, so früh am Tag, und der Herbst beginnt, an den Gräsern die Farben der Saison anzupreisen. Herminia fröstelt im Daunenanorak und weiß jetzt schon, daß sie das Ding in ein paar Stunden verfluchen wird: zu heiß, zu umfangreich und aufgeplustert.
Sie überquert das Aussichtsplateau, sucht sich ein Plätzchen, an dem keine Münzfernrohre aufgestellt sind, durch deren Objektive sich Halbschuhtouristen den Blick in die majestätische Bergwelt im knappen Halbkreis aufzwingen lassen.
Herminia wendet einem Schwall von Fotoapparaten und Videokameras auf zwei Beinen, der aus der eben angekommenen Fuhre gespuckt wird, den Rücken zu, lehnt sich an die Sicherheitsabsperrung – und starrt in ein Bergmassiv gegenüber.
Blöder Berg, weich aus, knurrt sie und fängt sich den ziemlich befremdeten Blick eines Herrn in Hirschleder ein, der gerade die Nikon lädt.
Sie sind einfach im Weg, stellt Herminia fest, was den Hirsch die Schußbereite empört vom fixierenden Auge reißen läßt.
Diese Urgesteinsbrocken meine ich, erklärt Herminia gelangweilt und marschiert los, ein paar unfreundliche Wortfetzen werden ihrer Kehrseite hinterhergeworfen. *Herrliche Berge, sonnige Höhen, Bergkameraden sind wir.*

Herminia merkt, daß sie nicht so gut in Form ist, wie sie sein möchte, wie sie von sich erwartet. Sie kämpft gegen eine bislang ungekannte Kurzatmigkeit, in den Waden macht sich ein

unangenehmes Ziehen breit, die Schuhe sitzen nicht so, wie sie sollen, und die Riemen des leichten Rucksacks scheinen in der letzten halben Stunde Vergnügen dran zu haben, an den verschiedensten Stellen zu drücken, der Rucksack muß zugenommen haben, aber das denkt Herminia nicht, dazu fehlt ihr heute der Humor. Sie stellt nur verdrossen und unzufrieden fest, daß ihre Kondition seit der letzten Wanderung schlechter geworden ist.
Conditio sine qua non, hätte der mittlerweile pensionierte Schuldirektor, der Herr Oberstudienrat, unweigerlich zitiert, noch einen Gang zugeschaltet und der Tochter demonstriert, wie man einen Berg zünftig nimmt. Womöglich noch mit einem Liedchen auf den fett eingecremten Lippen, bergan, bergauf, und endlose Geschichten von den Touren von früher und dann von jenen, später, mit den Roten Falken, und er als *leader of the gang* und von den jungen Leuten, die noch Saft und Kraft und nicht so verweichlicht und nur Schreibtisch und täglich mindestens eine Stunde und *an apple a day keeps the doctor away* und *Hermi, du mußt* – egal was, immer war's eine Belehrung, eine schlicht unerfüllbare An- und Aufforderung, und sie immer im ideellen Minus, immer die falsche *conditio*, *sine* oder *cum*, egal, es hätte nie gereicht, und *Hermi, ich muß mich doch sehr wundern, und wenn wir schon wie die Weinbergschnecken bergauf unterwegs sind, dann erzähl mir doch, was du dir über den Saxon Genitive gemerkt hast, und schau dir deine Mutter an, die rennt wie eine Gams, und das in ihrem Alter.* Das Alter der Mutter, der nie protestierenden, hatte damals noch keine vierzig Lenze gezählt, und das mit dem Herzfehler hatte auch noch niemand gewußt, aber es hätte ihr eh nichts genützt, denn für den überzeugten Sozialisten, passionierten Lehrer, sakrosankten Gatten und Vater waren Frauen wahrscheinlich nicht einmal in den Status des Nebenwiderspruchs gelangt – also stand ihnen ein solcher auch nicht zu, nicht einmal auf einem Nebenschauplatz, sozusagen.

Herminia ignoriert Ziehen und Scheuern und Seitenstechen – *Hermi, ich hab dir hundertmal gesagt, du mußt richtig atmen,*

das kann doch nicht so schwer sein. Herminia spürt, wie sich die Blase an der linken Ferse, die die längste Zeit schon gepocht hat, nun öffnet. *Hermi, man zieht zwei Paar Socken an in den Wanderschuhen, kannst du dir das nicht merken.* Doch. Herminia kann das böse Grinsen, das sich auf ihrem Gesicht breit macht, fühlen.
Ein Paar Socken, ein einziges, noch dazu ein ganz neues. *Ganz verkehrt, Hermi.* Nein. Diesmal nicht.
Und vielleicht liegt es auch nicht am Nachlassen der Kondition, daß der Weg heute besonders mühselig ist.

Herminia, jedesmal von ohnmächtiger Wut erfüllt, wenn sie Hermi gerufen wurde, die es aber bald aufgegeben hatte, lauten Einspruch zu erheben, denn der pädagogisch vorbelastete Vater war der g'sunden Watschn nicht abgeneigt, hatte bereits als sehr kleines Kind eine Menge gelernt – in der Hauptsache parieren. Wenn es spärlich gestreutes Lob gab, dann dafür und im Beisein dritter: Seht her, gut abgerichtet. Herminia hatte auch viele wichtige Sätze gelernt, in der Hauptsache solche, die das soziale Leben innerhalb und außerhalb des sorgfältig geordneten Familienverbandes betrafen. Sätze vom Müssen und vom Nichtdürfen und Sätze, die mit dem gefürchteten *Wehe-wenn-du* oder *Daß-du-dir-nur-ja-nicht-einfallen-läßt* begannen. Und ein Lieblingsstandard, den auch die eher schüchterne Mutter gerne bemühte, lautete: *Es muß Grenzen geben.* Sozusagen eine Multifunktionalformulierung, breitenwirksam einsetzbar, universell brauchbar, situationsungebunden manifestiert. Zementiert im Hermi-Hirn.

Die ganze Kindheit über befand Herminia sich im Grenzland der Ver- und Gebote, stieß sich zwar die Knie selten blutig, weil sie eher drinnen gehalten wurde, dafür stießen Wünsche und Bedürfnisse permanent an unsichtbare Schranken. *Es muß Grenzen geben* war Dogma. Herminia hielt sich dran, weil es das Überleben erleichterte, und freute sich diebisch, wenn es bei seltenen Gelegenheiten gelang, unbemerkt unter den imaginären Balken durchzuschlüpfen. Natürlich war das System

auf Dauer nicht haltbar, und die vorprogrammierten Konflikte mit einem rebellierenden Teenager konnten sich sehen lassen, händeringende, tränenschwangere Mutter, drohender, empört polternder Vater inklusive.
Die Oberstudienratstochter aus gutem Haus schaffte grade so mit viel Ach und noch mehr Krach ihre Matura und verschwand Richtung Studium.

Die Ferse befindet sich in einem hysterischen Zustand klebrigbrennender Auflösung. Jeder Schritt ist eine Qual, Herminia hat ein Folterbild vor Augen, rohes Fleisch, das bei jeder Bewegung mehr und mehr geschunden wird, kreischende Faserstränge – *Hermi, wie heißt die Schicht zwischen Epidermis und Subcutis* – weiter, noch einmal einen Fuß vor den anderen, weiter, bergan, bergauf, es dauert nicht mehr lange, *ruckedigu Blut ist im Schuh,* weiter, trotzdem, grad deshalb, *wenn wir erklimmen sonnige Höhen, streben dem Gipfelkreuz zu.*

Und dann, die anfangs wilde Studienzeit, in der sie den Oberstudienrat verleugnet hatte, bei den Teach-ins und auf den Festen, die sie furchtbar fand, mit Leuten, die sie ängstigten, trotzdem immer dort gelandet, wo sie nicht hinwollte, aus lauter Grenzenüberwindenmüssen, Andersseinmüssen, endlich nicht mehr die sein wollen, die da so zurechtgezimmert worden war. Und dann immer mit den falschen Männern im Bett gelandet, und sich beweisen müssen, daß sie nicht verklemmt/prüde/ häßlich/Lehrerstochter/bürgerlich/rassistisch/ausländerfeindlich/ weiß-der-Geier-was-noch-alles war. Einer der schlimmsten war Boris gewesen, der selbsternannte Linksaußen, der sich mit Ekel und Verachtung im schiefen Grinsen in ihr bourgeoises weil sauberes Bett gelegt hatte, und Herminia, halbtot vor Scham und Befangenheit, weil die Zimmergenossin zu Hause und nur ein Paravent aus Büchern zwischen ihren beiden eher spartanischen Lagern aufgeschichtet war, wenigstens aus den richtigen, relevanten Werken, wie sie hoffte, aber vergeblich, denn sie mühte sich grad mir Herrn Bronsteins Schriften, und der war für den »Totalradikalen« total verkehrt. Und: »Du bist

sicher eine von den Tussis, die sich anscheißen, wenn man ihnen ein Brandloch ins rosarote Himmelbettchen sengt.« Sprach's und tat's und tat aus lauter Verachtung für die verwöhnte bürgerliche Klasse und deren Vertreterinnen nicht nur dem Betthaupt weh. Und Herminia – schon wieder versteinert zwischen neuem Anspruch und aktuellem Kummer und einem abgrundtiefen Haß auf ihre »Zwänglerei« und trotzdem ohne Chance, ihrem eigenen, mühsam erarbeiteten Ordnungssystem zu entkommen, das – wie sie inständig flehte, nichts, bitte, bitte nichts mit der Schulratspedanterie, die ihr zu Hause eingeprügelt worden war, zu tun haben sollte. Und auch keine Erlösung im Bemühen um vordergründige Schlampigkeit, sie konnte nur maximal dreimal am Tag über eine dekorativ und wie sie meinte à la Boheme verknuddelte Zeitung drübersteigen, bevor sie sie aufhob und ordentlich zusammengefaltet in den Zeitungsständer legte. Die Sache mit der Verachtung und dem pubertären Haß eines dummen Halbstarken, der kurze Zeit später die Linkstotale und auch den angeblichen Nonkonformismus gegen eine scheißefarbene Gesinnung samt zugehöriger Montur eintauschte, überlegte Herminia sich nicht weiter – es schien ihr angebracht, so und nicht anders behandelt zu werden.
Und dann, viel später, die kaum kaschierte Ungeduld des kurz und vergeblich aufgesuchten Therapeuten angesichts ihrer Zeichnung von roten Kästchen und roten Kästchen und roten Kästchen in roten Kästchen in roten Kästchen in roten Kästchen – nach der Aufforderung, »einen Kindheitssonntag bildlich darzustellen«. Und der fast schon unbeherrscht-verzweifelte Ausruf des angeblich professionellen Unterstützers: »Dann verlassen Sie diese Kästchen doch endlich, Sie sind erwachsen!«
Alles leicht gesagt. Frustriert war Herminia abgezogen, hatte die drei kostspieligen Sitzungen bereut und trotzig gedacht: So bin ich eben. Ich hab's versucht, aber rund um mich ist nicht viel Platz zum Flügelausbreiten.

Mittlerweile hat das harte Fersenleder des Wanderschuhs offenbar ein Loch bis auf den Knochen gefressen. Herminia grinst nicht mehr, zwischen den Brauen steht eine tiefe und zornige Falte, die sie haßt, wenn sie unvermutet im Spiegel auftaucht. Oberstudienrats Tochter, *dem Papa wie aus dem Gesicht geschnitten, das Dirndel.* Nein, denkt Herminia, umgekehrt, diesmal schneide ich mir alles aus dem Gesicht und sonstwo heraus, was mich an mir hindert. Nie wieder rote Kästchen und auch nicht mehr dieses Ducken und Wegschauen, weil gleich alles so bedrohlich sein könnte, was nicht nach Stall und Koppel riecht. Mit blutenden Füßen lacht Herminia auf, und das schmerzt so wie der geschwollene Blutschwamm, der da im Schuh eingesperrt ist. Der Krampf mit den Seminararbeiten fällt ihr grade ein, dieser aberwitzige Streß, weil sie sich kaum Sekundärliteratur zu lesen traute, in einen unauflösbaren Zwiespalt geriet, denn der Oberstudienrat hatte »Abschreiben« als ekelhaftes Verbrechen streng und unter Androhung von Sanktionen untersagt. *Nur selber denken macht gescheit.* Wissenschaftliches Zitieren kam Herminia stets ehrenrührig vor, denn alles, was sie da – wenn auch korrekt angeführt – verwendete, kam ja nicht von ihr, war keine eigene Leistung, war irgendwie verkehrt, durfte nicht sein. Andere Gedanken als die aus dem eigenen Sud herausgequetschten, unhinterfragten und mühsam getrimmten, dünnen Konstrukte waren gefährlich. Herminia war eine Meisterin des Wegschauens und Ausblendens gewesen, hatte mehr oder weniger an der Erfindung des Rades gearbeitet.

Sie hatte nach einem System gesucht, das verbindlich imstande gewesen wäre, sie zu schützen vor der Welt, vor dem Leben, und war abgrundtief erschrocken über ihre heimliche, aber spontane Zustimmung, als ein Seminarkollege aus den Unitagen seine Überlegungen lässig in die Runde spuckte. Er denke über das fast perfekte Verbrechen nach – und zwar vorsätzlich mit der Einschränkung »fast«, weil dann, nach stattgehabter Ergreifung und Inhaftierung alles aufhöre und man nichts mehr müsse, nichts Wirkliches mehr. Nichts mehr entscheiden und auch keine Verantwortung mehr tragen, und man habe trotzdem noch den Eindruck, irgendwie am Leben zu sein, habe als ernsthafter Systemkritiker auch noch irgendein Arschloch aus der Welt geschafft, selbstredend in einem intelligenten Supercoup, mit einer kleinen Schwachstelle, der Sollbruchstelle sozusagen. Er fand, daß sein Ansatz eine faire Alternative zum Suizid darstelle, spann sich mehr und mehr in sein krudes System aus wehleidig-aggressiven Betrachtungen und simplifizierten philosophischen Sätzen ein, soff wie ein Loch und krepierte an Drogen. Dabei hätte er so gerne »einen von den Richtigen mitgenommen«. Die Nadel war schneller und er zu blöd – einer, der nur mit Bierflaschen umgehen kann, sollte die Finger vom anderen Stoff lassen. Herminia war eher beeindruckt von seinem Tod als erschüttert darüber, und eine Zeitlang, in der alles mühsam war, weil weder im Studium noch bei den diversen Jobs was weitergehen wollte, dachte sie häufig: Der hat's wenigstens hinter sich, ultimative Überschreitung der letzten Grenze, Charon, mon amour.

Als es ihr etwas besser ging, fing sie an, die Existentialisten zu lesen. Sartre war ihrem Denken zu fremd, um sie behelligen zu können, und der Oberstudienrat lehnte ihn ab. Der Kreis, dem sie sich zu diesem Zweck am Rande angeschlossen hatte, trug Schwarz, trank französischen Rotwein und war blasiert. Herminia fühlte sich wie eine verkleidete Made, fadisierte sich bei den pseudointellektuellen Diskussionen und blieb nach ein paar Wochen aus der Runde weg. Sie machte sich keine Illusionen darüber, ob jemand von den bleichen Totenvögeln auch nur einen Gedanken daran verschwendete, über ihren Verbleib zu spekulieren.

Herminia hat Tränen in den Augen, und das Salzwasser scheint direkt in die offene Wunde zu laufen. Ein bißchen noch, *in unsren Herzen ist eine Sehnsucht, die läßt uns nimmermehr in Ruh'.*

Natürlich war aus ihren ursprünglich hochfliegenden Plänen kein Kunststudium an der Angewandten, kein Schauspielseminar und auch nichts Technisches *(»Hermi!?«)* geworden. Angewiesen auf die finanzielle Unterstützung des Oberstudienrats –

oder zumindest überzeugt davon, es ganz alleine nicht zu schaffen, hatte sie sich dem väterlichen Diktat nach diversen gescheiterten Versuchen, in unterschiedlichen und abenteuerlichen Fächerkombinationen auf einen grünen Zweig zu kommen, schließlich gefügt. Lehramtsstudium. Deutsch-Englisch. Vaters brave Tochter, doch noch, doch wieder, wie immer. Schluß mit dem Aufbegehren, was Solides, was Ordentliches. Familientradition.
Am schlimmsten war für Herminia gar nicht der Studienbetrieb gewesen, nicht die kleinkarierte Welt der Institute, nicht die Streberinnen, mit denen sie sich oberflächlich angefreundet hatte. Am schlimmsten war die Erkenntnis gewesen, sich in dieser überschaubaren Welt der stinklangweiligen Seminare und Arbeiten tatsächlich wohl zu fühlen. Es war vertraut. Es war schal und ungefährlich. Und so, wie sie als Siebzehnjährige alle Energien darauf verwendet hatte, aus dem zähen Leim der oberstudienrätlichen Diktatur loszukommen, hatte sie nun beharrlich angefangen, den Kern ihres Widerstandes sorgfältig einzupacken in Mittelmaß, Langeweile und Pflichterfüllung. Herminia spulte ihre Semester ab wie ein Uhrwerk. Keine schrägen Parties mehr, keine falschen Kontakte mehr. Herminia stellte sich tot und hatte die Scheuklappen noch enger um ihren sedierten Verstand geschnallt.
Manchmal, morgens, noch im Traumdämmer, überkam sie ein überwältigendes Gefühl von Überdruß, Sinnlosigkeit, Leere. Sie stand neben sich, betrachtete eine teigige, pummelige Gestalt in bravem Flanellpyjama und biederem Streublümchenbettzeug, das höchstens von unruhigem Schlaf zerwühlt war, und hatte es satt. Alles.

Als sie mit ihrem Probejahr anfing – väterliche Intervention hatte dafür gesorgt, daß sie direkt von der Uni an eine Schule in der Provinz konnte – lernte sie Roberta kennen. Das hatte der Oberstudienrat nicht vorhersehen noch verhindern können.
Roberta unterrichtete als Karenzvertretung Bildnerische Erziehung, malte hervorragende Aquarelle, modellierte mit ihren Klassen Tonskulpturen und brachte den restlichen Lehrkörper

an den Rand des Nervenzusammenbruchs. Roberta war wie eine Explosion in einem Misthaufen.
Herminia staunte und lehnte Roberta in einer Aufwallung von grenzenlosem Neid auf deren Leichtigkeit rigoros ab. Roberta war zu sehr Spiegel dessen, was Herminia für sich verboten, mühsam getötet hatte. Neben der um etliche Jahre älteren Roberta fühlte Herminia sich wie eine alte Jungfer, die Karikatur eines »Fräuleins«, der ins Skurrile überhöhte Blaustrumpf. Aber das Eis, das Herminia tunlichst aufzuschichten trachtete, war zum Schmelzen bestimmt. Im Zuge eines etwas ausufernden Heurigenbesuches nach einer totlangweiligen Konferenz hatte Herminia die Kontrolle über ihre künstliche Antipathie verloren und Roberta eine überraschend witzige Interpretation ihrer Weltsicht und ein selbstironisches Autodafé geliefert. Gekrönt wurden Herminias Ausführungen von der philosophischen Frage nach dem (Gleich-)Gewicht der Welt, da Herminia sich immer wieder fragte, welchen Einfluß auf den Gleichlauf des Globus die Tatsache habe, daß Tonnen von Metall – also ein Teil der Welt, sich seit Jahren im All bewege und der guten Mutter Erde somit Ursprüngliches fehle. Sie trage sich, so Herminia in Weinlaune, längst mit dem Gedanken, eine Liste zu gründen, die für die Rückführung von Weltraumschrott mobil machen solle – wegen des Gleichgewichts eben. Um letzteres war es nach Mitternacht allerdings eher bei Herminia als beim Rest der Welt geschehen, und Roberta brachte sie im Taxi heim. Am nächsten Morgen wurde eine ziemlich lädierte Herminia im Konferenzzimmer von Roberta mit einer herzlichen Umarmung und den Worten: »Schluß mit dem Schrott, jetzt kümmern wir uns ums Leben!« begrüßt.
Und ab sofort war Herminia »Minna«, bei besonderen Gelegenheiten auch »Lessing«, was eine Auszeichnung bedeutete.
Minna wurde so nachhaltig ins Leben gebetet, daß sie kaum mitkonnte. Und innerhalb kürzester Zeit hatte Roberta zahlreiche Schleusen geöffnet. Ein bißchen zu schnell vielleicht, denn Minna, eh und je daran gewöhnt, sich in scharf umgrenzten Systemen zu bewegen, war plötzlich in eine Freiheit geworfen, die sie überforderte. Die kleine Hermi war wieder da und hatte

Angst. Minna verfügte noch nicht über den sicheren Tritt, und Herminia klappte zusammen. Geduldig und zerknirscht vor Reue arbeitete Roberta einen Mehrstufenplan mit Herminia aus. Minna mußte noch mal geboren werden. Sie wehrte sich, fluchte, schrie, heulte – und machte mit.

Laß den Oberstudienrat in irgendeiner Dorfschule, empfahl Roberta, stell dir die Unendlichkeit vor, setz dich auf ein geflügeltes Einhorn und spring über jedes Hindernis. Es funktionierte nicht.

Aber Minna war zäh. Nach wochenlanger Depression, flankiert von Zornausbrüchen und Tränen, erklärte sie an einem klirrend kalten Winterwochenende: Feuer wird mit Feuer bekämpft. Am darauffolgenden Montag erstand sie eine komplette Wanderausrüstung und vertiefte sich mit versteinerter Miene in kartographisches Material von Bergtouren unterschiedlicher Schwierigkeitsgrade. Nun war es an Roberta, zu staunen.

Aber du haßt es doch, wandte sie vorsichtig ein.

Eben, erwiderte Lessing lakonisch. Ich werde es besiegen.

Roberta schwieg, schenkte Frascati nach und hatte Zweifel an der Methode.

Du kannst es nicht verstehen, begehrte Herminia in Gedanken auf, du brauchst das nicht, du gehst irgendwann wieder weg, fängst was Neues an, aber ich werde bleiben, es ist nur die Frage, wie. Ich fühle mich wie ein asoziales Monster, wenn ich sonntags bis Mittag im Bett bleibe, weil ich muß was müssen, und zwar immer, denn wer nicht arbeitet, soll auch nicht essen, und was du heute kannst besorgen, rettet die Faulen auch nicht, wenn sie erst am Abend fleißig werden, denn nur schnell getan ist wohl getan, weil Müßiggang ist aller Laster Allzuviel, und das ist ungesund, und wie wir wissen: mens sana in corpore et cetera, et ceterum censeo ...

Lessing, geht es dir gut, fragte Robertas Blick, und Herminia leerte ihr Glas mit einem Zug, streckte es der Freundin zum Nachfüllen entgegen und murmelte was von fünf Uhr morgens aufstehen.

Das war vor mehr als einem halben Jahr gewesen. Ab diesem Zeitpunkt hatte Herminia jede freie Minute auf Bergwandertouren verbracht. Allein und mit der grimmigen Entschlossenheit einer Amazone im Sondereinsatz.

Einen blutroten Schritt noch und noch einen, *und jetzt reiß dich zusammen, Hermi, was soll das Theater, andere können das auch, und das bißchen Blase,* und dann hat sie es geschafft, und da taumelt sie in die Wiese, ein Stück von der Alpenvereinshütte entfernt, und da läßt sie sich ins herbstlackierte Gras fallen. Tränen der Erschöpfung und ein Schmerz im Fuß, der nur noch grelles Toben ist.
Vorsichtig befreit sie sich von den Schuhen – *und niemals ausziehen, egal ob es weh tut, und wenn du vielleicht glaubst, ich trag dich den Weg zurück, hast du dich geirrt* –, rafft sich ein letztes Mal auf, humpelt in blutverschmierten Socken zum abfallenden Rand der Wiese, und da geht die ganze Almenlieblichkeit ins Schroffe über, da geht's abwärts. Und dann geht es ganz schnell, und ein paar sehr erschrockene und betroffene Blicke von den wenigen Ausflüglern, die es mitbekommen, aber die können nichts mehr tun, es fällt sich schnell aus großer Höhe, *und Bergkameraden sind treu.*

Lessing nimmt keine Rücksicht auf das Starren und Murmeln, das ihr folgt, als sie mit winzigen Schritten zur Bergstation der Zahnradbahn schlurft.
Schuhe und Rucksack wird sie nie wieder sehen und auch nie wieder brauchen.
Es gibt Grenzen. Selbstgewählte. Und andere, die ohne Bedauern – *sine ira et studio* – zu überwinden sind.

Rüdiger Wischenbart

WILDE GRENZEN
Politik, Kultur und Kommunikation am Bruch

Die Grenze als Ort

Über der Thaya im niederösterreichischen Weinviertel patrouillieren immer häufiger Hubschrauber des Bundesheeres. Sie wurden aufgerüstet mit Nachtsichtgeräten und anderem Equipment zur Grenzüberwachung aus der Luft. Seit neuestem, wird mir erzählt, helfen auch Jäger und pensionierte Zollwachtbeamte mit, um »Rumänen« zu stellen, die illegal die Grenze zwischen Tschechien und Österreich überschreiten. Die Jäger sitzen, ausgerüstet mit Walkie-talkies, auf ihren Hochständen und melden, wenn das Knacken im Gebüsch nicht von einem Rehbock stammt.
Vor zehn Jahren verlief in der Mitte der Thaya der Eiserne Vorhang. Das Flußbett wurde damals wegen des unübersichtlichen Grenzverlaufs, gegen den die tschechoslowakischen Behörden Sicherheitsbedenken hatten, begradigt. So entstanden Altarme, in denen sich fette Welse und Flußkrebse tummeln. Auf österreichischer Seite siedelten sich Fischer in kleinen Hütten an, die vom Balkon ihrer auf Stelzen gebauten Hütten mittels raffinierter, sechs bis acht Meter hoher Gestelle bequem ihre Netze in den Fluß lassen.
Auf tschechischer Seite stößt man in der urwaldähnlich wilden Vegetation der Flußauen auf riesige Sumpfeichen, aber auch auf verlorene Jagdschlösser im Empirestil, welche die Adelsfamilie der Liechtensteins, denen damals noch ganze Landstriche diesseits und jenseits der Grenze gehörten, bis vor den Ersten Weltkrieg betrieben. Mitten im unwegsamen Gelände liegen,

als Zeugnisse jüngerer politischer Inbesitznahme, die mittlerweile großteils verlassenen Baracken der Armee des Warschauer Paktes.
Die Grenze, die – als Trennlinie zwischen Mähren und Niederösterreich – eine alte Grenze ist, bildete in Zeiten des kalten Krieges einen toten, wilden Raum. Beide Grenzregionen lebten mit dem Rücken zu dieser Wand.
In den zehn Jahren seit dem Fall des Eisernen Vorhanges durchliefen die Räume in beiden Regionen vielfältige Entwicklungen. Übergänge wurden eröffnet, die die Orte nach fünf Jahrzehnten einander näherrücken sollten. Doch geschah dies mit wenig hochfliegenden Erwartungen, und zwar auf beiden Seiten. In den niederösterreichischen Dörfern wurden Erinnerungen an die Vertreibung der Sudetendeutschen über die Grenze wachgerufen. Auf mährischer und tschechischer Seite erwachte manche Reminiszenz an die Rivalitäten aus dem Nationalitätenstreit in der k.u.k. Monarchie und in der Zwischenkriegszeit, als einige Jahrzehnte lang der Wohlstand des jungen Industriestaates Tschechoslowakei höher lag als im agrarischen Niederösterreich.
Die Grenzöffnung von 1989 brachte für die Anwohner der Grenze jedoch weniger Veränderungen, als man erwarten mochte. Einige Produktionen wurden ins Billiglohnland Tschechien verlagert. Einigen Dienstleistungsbetrieben, Friseuren oder Zuckerbäckern, kamen die wenig zahlungskräftigen Kunden abhanden, weil seit der Öffnung das Angebot jenseits der Grenze billiger ist. In meinem Dorf verschwand auf diese Weise ein Fertigungsbetrieb, der auf die Montage von Lustern für arabische Moscheen spezialisiert war – ohnedies kein wirklich zukunftsträchtiges Unternehmen mit hoher eigener Wertschöpfung.
Die Einkaufsfahrten der Tschechen hingegen zielen nicht auf die Grenzregion, sondern auf die großen Shopping-Malls am Rande von Wien. Das Weinviertel bleibt links und rechts der ausgebauten Straße liegen. Umgekehrt hat jenseits der Grenze ein neuer, großer Supermarkt mit breitem Sortiment eröffnet, der sieben Tage die Woche, täglich bis acht Uhr abends, geöffnet ist. Am Parkplatz sind auch am Sonntag, wenn in Nieder-

österreich die Läden geschlossen bleiben, entsprechend viele Grenzpendler unter den Einkäufern auszumachen.
Die Altarme der Thaya, die mehr und mehr verlanden und damit die ökologischen Nischen für Fische und Krebse bedrohen, sollen wieder an das Fließgewässer angebunden werden. Die Aulandschaften werden in einen Naturpark verwandelt. Mit Förderung der Europäischen Kommission für Randgebiete werden zudem entlang der Grenze Rad- und Reitwege übers Land gebaut, die einen bescheidenen Fremdenverkehr zur Entwicklung bringen sollen. In Südmähren gibt es neuerdings wieder Winzer, die ihre Veltliner und Rieslinge mit Sorgfalt und einem beginnenden Gespür für Marketing keltern. Dramatische Wandlungen sind das allesamt nicht.
Der Einfluß der Grenze auf die Wertmaßstäbe der Anwohner aber verändert sich dennoch rasch. Dafür gibt es unterschiedlichste Hinweise, auch wenn manche dieser Veränderungen vorerst nur als feine atmosphärische Störungen fühlbar sind. Einheimische raten mit einem Mal nachdrücklich zum Abschließen des Autos. Die Verlängerung der Öffnung des lokalen Grenzüberganges von 20 auf 22 Uhr betrachten sie nicht unbedingt als positives Zeichen, sondern kommentieren es mit Murren. Die Aufgriffe von nächtlichen Grenzgängern ist überdies Dauerthema im Dorf und gut für Anspielungen in viele Richtungen.
Der grenznahe Mikrokosmos und sein lokales Klima allein aber reichen nicht aus, um die Zunahme der atmosphärischen Störungen zu erklären. Die politische Energie, die die Stimmungen bewegt, stammt nicht aus dem Dorf, sie beruht nicht auf dem täglichen Erleben vor Ort, sondern sie wird genährt von viel weiter ausholenden Entscheidungen in den Zentren der politischen Macht, in den Hauptstädten weit weg vom Dorf.
Grenzen sind komplexe Anlagen, die sich rasch verändern und die, gleich riesigen Projektionsschirmen, selbst kleine Abläufe sichtbar machen und Bewegungen ins Übermannshohe verstärkt abbilden können. Es sind Zonen, die nicht nur das Leben in ihrem unmittelbaren Umfeld organisieren und strukturieren, sondern in denen Entscheidungen aus – räumlich wie auch

mitunter zeitlich – weit entfernten Zentren überhaupt erst materiell sichtbar und spürbar werden. Zum dritten sind Grenzen aber auch symbolisch hoch aufgeladene Schwellen und Übergänge, die im günstigsten Fall den Austausch zwischen den angrenzenden Regionen und Ländern aktiv fördern, oder an denen sich, im Gegenteil, Konflikte aufbauen, über deren scheinbar obskure Wurzeln man im Kernland dies- und jenseits nur rätselt und staunt.

Die Grenze als Politik

Die Hubschrauber fliegen die Grenze nicht nur ab, weil aus der Luft jede Bewegung am Boden auch nachts besser aufgespürt werden kann. Sie sollen auch ein Zeichen der politischen Entschlossenheit an die eigene Bevölkerung senden. Seht, wir machen was gegen die da draußen!, lautet die Botschaft.
Seit zehn Jahren bilden die Öffnung der Grenzen und die Abschottung Europas gegen Einwanderer einen politisch paradoxen Doppelprozeß aus. Das eine, so hat es den Anschein, ist ohne das andere kaum noch vorstellbar. Und um die Konstellation noch seltsamer zu machen, war zuerst die Abgrenzung gegenüber den Einwanderern da, und erst dann, wenig später, geschah die unerwartete Öffnung des Eisernen Vorhanges und somit die Öffnung der Grenze. Die Politik der Abgrenzung gewann im Windschatten dieser Grenzöffnung jedoch erst richtig an Moment.
1988 begann das Thema »Immigration« in Österreich erstmals massiv die politische Debatte zu prägen. Unter dem Stichwort »Flüchtlingspolitik« wurde über »Scheinasylanten« gesprochen. Es wurden Maßnahmen zur Begrenzung der Anerkennung von Asylwerbern gefordert und bald Schritt um Schritt auch realisiert. Eine sozialdemokratisch geführte Regierung setzte die Maßnahmen um. Doch bereits damals war es die populistische Freiheitliche Partei unter ihrem zwei Jahre zuvor an die Parteispitze gelangten Jörg Haider, die konsequent einen neuen politischen Ton anlegte – ganz so wie etwas mehr als

hundert Jahre zuvor die Deutsch-Nationalen unter dem Eiferer Schönerer gegen Juden und Tschechen einen neuen Hetzton anschlugen – um sich als neue politische Kraft zu profilieren. Wenig später, um 1991, wurden die Parolen, erneut widersprüchlich, einerseits schärfer nationalistisch in ihrer Forderung nach Abschottung, andererseits alt-national im Zungenschlag, als Haider gegen die »Mißgeburt« der österreichischen Nation zu polemisieren begann. Eine Volksbefragung zum Thema Ausländer im Winter 1992/93 etablierte das Thema dann als Brennpunkt der Politik für den Rest des Jahrzehnts. Es taugte fürderhin als vielfältig einsetzbares »Wir sind wir«, als Keule gegen die europäische Integration und gegen Brüssel (und in bizarrer Verteidigung nun der österreichischen Identität), als innenpolitische Wunderwaffe, mit der man einer großen Koalitionsregierung nach der anderen die politischen Leitthemen vorgeben konnte, und es hat sich eingenistet als politische Alltagsmünze, die vieles bagatellisiert, etwa wenn ein Abschiebehäftling ums Leben gebracht wird, wenn einem Ausländer unter Berufung auf »Hygienestandards« der Zutritt zu einem öffentlichen Schwimmbad versagt wird, oder eben wenn Jäger den offiziellen Grenzwächtern – subjektiv gewiß arglos – zur Hand gehen.

Doch Achtung, wir sprechen dabei keineswegs von einem spezifisch österreichischen Phänomen. Schon zu Beginn des Jahrzehnts, wenige Jahre nach der Grenzöffnung, wurde künftigen Beitrittskandidaten zur Europäischen Union klargemacht, daß von Polen und dem Baltikum im Norden bis nach Ungarn im Südosten der Aufbau eines, je nach Jargon, »Glacis« oder »Cordon sanitaire«, zur Abriegelung der Schmalztöpfe des wohlhabenden Westens gegen die Eindringlinge von draußen die erwartete Gegenleistung war. Diese Staaten an der europäischen Peripherie hatten sich als sichere Drittländer für Asylwerber zu deklarieren. Mit Zuckerbrot und Peitsche, mit handfestem politischem Druck und mit materieller Unterstützung durch Deutschland, wurden sie, wie etwa Polen, angehalten, ihre Grenzkontrollen nach Osten auszubauen.

Scheinbar ging es – und geht es weiterhin – um einen pragma-

tischen Deal: Anschluß an Europa im Tausch gegen Torwächter-Mühen. Aber was ist das für eine Politik nicht nur der Schamlosigkeit, sondern auch der Selbsttäuschung!
Die Errichtung der »Festung Europa« war von Beginn an kein lokales, sondern ein europäisches Projekt. Zwischen Jörg Haiders unverschämtem Austropopulismus, der Anti-Araber-Hetze der Nationalen Front in Frankreich oder den Gemeinheiten mit feinerer Klinge der sehr häufig im genau abgestimmten Einklang arbeitenden Bürokraten in Wien, Bonn oder Brüssel kommt die ganze Breite europäischer kultureller wie nationaler Vielfalt zum Ausdruck.
Strukturell und symbolisch kommt der Gestaltung von europäischer Einheit via Ausgrenzung eine ähnliche politische Schlüsselrolle zu wie der Einführung des Euro. Und nicht zufällig loben die Akteure und Verfechter dieser Politik die weise Zweigesichtigkeit des sogenannten »Schengen-Prozesses«, der – auf der integrativen Haben-Seite – die Paßkontrolle innerhalb der Mitgliedsstaaten aufhebt und die polizeiliche Fahndung erleichtert, um im Gegenzug gegenüber denen draußen, als Preis von Freiheit und Integration, eine dichte, scharf kontrollierte Grenze zu ziehen.

Die Grenze als Metapher

Verläßt man für einen Moment die Sprache der Politik zugunsten kultureller Metaphern, dann klärt sich das Bild an der Grenze rasch.
Wer eine Grenze zieht und nur die eine – seine – Seite definiert, der erklärt die Gebiete jenseits der Grenze zur Wildnis. Dort draußen, so gilt als Gewißheit, hat die Zivilisation noch nicht gesiegt, ist der Prozeß der kulturellen, moralischen Erziehung der Menschen noch im Gange, ist, gewiß doch, manches ungestümer und damit intensiver erlebbar als im geordneten Raum diesseits, vor allem aber dort draußen hockt das wilde Tier, die Bedrohung unserer Sicherheit, und dagegen ist die Grenze ein Schutz.

Das Wissen um die bedrohlichen Zustände draußen, jenseits der Linie, aber wirkt zurück in die geordneten Bezirke, und zwar nicht allein deshalb, weil sie für die wenigen gefährlich erscheinen, die aus Abenteuerlust oder anderem Antrieb die Grenze überschreiten und sich sehenden Auges der Gefahr aussetzen. Die Ordnung selbst fühlt sich von der Gefahr herausgefordert und bedroht – und zwar so fundamental wie das Leben durch den Tod, oder wie die Welt des Lichts durch die Schattenwelt in Frage gestellt ist.

Das ist auf der Ebene der Metapher ein Leitthema, das sich durch mythologische Erzählungen in allen Kulturen zieht. Hans Peter Duerr hat dies in seinem kulturanthropologischen Bestseller über den Zaun zwischen Zivilisation und Wildnis, »Traumzeit«, auf die schöne Formel gebracht: »Die Mächte der Unterwelt bedrohen die unter der Sonne.«[1]

Das Thema ist aber ebenso seit Jahrhunderten ein Gegenstand der Politik, und die Abgrenzung Europas gegenüber seinem wilden Osten und Südosten ist das beste Beispiel dafür.

Als sich in der zweiten Hälfte des 18. Jahrhunderts Sichtungen von Vampiren zu häufen begannen, beunruhigte das in Wien Kaiserin Maria Theresia so sehr, daß sie ihren Leibarzt, den Aufklärer van Swieten, mit einer Untersuchung beauftragte.[2] Dieser kommt zum Schluß, daß man Vampirismus nur »in Gegenden, in welchen die Unwissenheit noch immer herrscht«, finde.

Auf diese Einsicht reagierte die kluge Kaiserin mit einem politischen Dekret, in dem sie festhielt, daß es erstens Vampire gar nicht gebe, daß zweitens, falls doch, vor Ort nicht die »Geistlichkeit« – also die Herrschaft über die Ideologie –, sondern die Polizei dafür zuständig und drittens dies ihr selbst anzuzeigen sei. Solch eine klare Haltung half nicht nur, die Zahl der Sichtungen von Vampiren im Reich einzudämmen, sondern neben-

---

1 Hans Peter Duerr: Traumzeit. Über die Grenze zwischen Wildnis und Zivilisation. Frankfurt: Syndikat 1978. S. 61.
2 Michael Schrott: Wampyrismus. In: Rüdiger Wischenbart (Hg.): Karpaten. Die dunkle Seite Europas. Wien: Kremayr & Scheriau 1992. S. 153-160.

bei hatte das Dekret maßgeblichen Anteil daran, daß die zuvor in Ungarn wieder aufgeflammten Hexenverfolgungen eingestellt wurden.
Die Episode scheint weit hergeholt, doch läßt sie sich mit einigen wenigen Anmerkungen durchaus auch aktuell interpretieren.
Der für unseren Zusammenhang der Grenze entscheidende Punkt ist, daß sich die Herrscherin in Wien – in Europa – zuständig hielt für das Geschehen an der Peripherie ihres Wahrnehmungshorizontes und daß sie nach Spielregeln suchte, die für *beide* Seiten nachvollziehbar und einhaltbar waren. Denn das Dekret formulierte nicht nur die Absage an den Vampirismus aus dem Geist der Aufklärung. Es enthielt zudem Verfahrensweisen für den – vorhersehbaren – Fall, daß diese Anordnung der Obrigkeit zunächst einmal nicht greifen würde.
Genau das Gegenteil dazu war und ist größtenteils bis heute die Position Westeuropas gegenüber Ost- und Südosteuropa während der vergangenen zehn Jahre.
Insbesondere mit dem Zerfall Jugoslawiens, ausgerechnet einem vormaligen Partner des Westens gegenüber dem feindlichen Sowjet-Block, wurden die Kräfte, die diesen Prozeß in Gang setzten, also Nationalismus im Verbund mit wirtschaftlicher Desintegration, als seltsame balkanische Krankheit abgetan, die in den Hauptstädten Europas so exotisch anmutete wie der Vampirismus in den Wiener Kanzleien im Zeitalter der Aufklärung. Als diese Krankheit um sich griff, war dann der Versuch der Eindämmung die einzige sichtbare politische Reaktion eines Europas, das sich im übrigen schlicht für unzuständig erklärte.
Um die einzelnen Streitparteien wurden Stück um Stück Grenzen gezogen, um deren Funktionieren sich niemand kümmerte. Erst wurden Slowenien und Kroatien abgetrennt. Wenig später war innerhalb Bosniens – und nun auch im Kosovo – das Ziehen von Trennlinien die Ultima ratio aus europäischer Sicht.
Als Slowenien und Kroatien schon unabhängig, der Krieg in Bosnien aber noch nicht begonnen war, schilderte mir ein Buchhändler aus Sarajevo, der sein Geschäft selbst später, in den Zeiten der Belagerung, nicht aufgeben sollte, die Auswir-

kung der neuen Grenzen auf sein Geschäft. In seinem kleinen Laden in der Altstadt von Sarajevo hatte er sich, neben Werken zur bosnischen Kultur, auf internationale Zeitschriften sowie auf praktische Literatur spezialisiert, auf Handbücher für Computer und auf betriebswirtschaftliche Einführungen. Die Nachfrage war groß. Der Buchhändler kaufte diese Bücher in Italien, Österreich oder Deutschland ein und transportierte sie mit seinem Auto über alle Grenzen. Dabei mußte er nicht nur an jedem Grenzübergang innerhalb von Ex-Jugoslawien immer willkürlichere Kontrollen passieren und Zoll zahlen. Auch der Markt, den er bedienen konnte, war geschrumpft. Als dann der Krieg ausbrach, wurde manches Handbuch in seinen Regalen durch den Koran als neuem Bestseller ersetzt.

Die kulturelle Fragmentierung ging mit dem Krieg aber erst richtig los. Wo zuvor über alle Klüfte hinweg wenigstens ein serbokroatischer Sprachraum war, der auch Bosnien und Montenegro umfaßte, gab es bald erste Bemühungen, jeweils eine bosnische, eine kroatische und eine serbische Sprache zu konstruieren. Heute ist es fraglich, ob ein europäisches Projekt zur Schaffung von gemeinsamen Schulbüchern für alle Teile der Konfliktregion noch Chancen auf Realisierung hätte.

Erst mit dem Bombardement Belgrads durch die NATO hat sich absurderweise auch Westeuropa endlich für »zuständig« erklärt und durch sein Eingreifen die Politik der einseitigen Grenzziehung gegenüber der »Wildnis« durchbrochen.

Die Debatte um die Frage nach neuen Grenzen, die von beiden Seiten her benutzbar sind, hat aber noch nicht einmal richtig begonnen.

Die Grenze als Kommunikation

Grenzen – im Sinne von Schwellen, Übergängen oder Trennlinien – sind nicht notwendig physische Barrieren, und die neuen Ordnungen der Informationsgesellschaft lassen bereits heute eine Welt erahnen, in denen die territorialen Grenzen weniger wichtig sind als die symbolischen.

In den Medien- und Propagandagefechten, die den Kosovo-Krieg begleiteten, gab es ein neues Element. Als die NATO dazu überging, mehr und mehr die Infrastruktur des Landes und insbesondere dessen Kommunikationseinrichtungen aus der Luft zu zerstören, gab es einen zuvor noch nicht gehörten Hilferuf Oppositioneller in Belgrad. Die USA, hieß es, erwägen, die Internet-Verbindungen Jugoslawiens zu unterbrechen, nicht durch Bombardierung, sondern durch Abschalten jener Satelliten und Netzknoten, die ungeachtet aller Kriegshandlungen zumindest Belgrad immer noch mit der Welt verbanden.
Der Hilferuf wurde praktischerweise gleich per E-mail an all jene abgeschickt, die schon vorher über News Groups oder in informellen digitalen Netzwerken insbesondere die Arbeit des unabhängigen, auch über Internet arbeitenden Radiosenders B 92 begleitet und unterstützt hatten.
Im Gegensatz zur Mehrheit der herkömmlichen politischen Opposition gegen Jugoslawiens Präsident Slobodan Milosevic wie auch der meisten serbischen Intellektuellen war und ist B 92 stets relativ frei von serbisch-nationalistischen Parolen geblieben. Der Anschluß an die grenzenlose Gemeinschaft des Internet dürfte für die kleine Gruppe von Aktivisten um B 92 schlicht unvereinbar gewesen sein mit jeder Rhetorik nationaler Besonderheit und Größe. Daher rührte dann auch ihr teils verständnisloser, teils mehr und mehr zorniger Appell wider ihre kriegerische Ausgrenzung.
Die neue Grenze verlief plötzlich, maßgeschneidert, wie es die digitale Steuerung von Information erst möglich macht, zwischen jenen, die Anschluß an die Informationsnetze haben, und dem Rest.
Das Prinzip selbst ist nicht ganz neu, sondern zumindest schon ein Kind der TV-Gesellschaft. »Tal der Ahnungslosen« hießen die Bezirke im Südosten der DDR, in denen der Empfang des West-Fernsehens nicht möglich war. Aber da beruhte der Ausschluß noch auf den Zufällen der Topographie. Im Informationskrieg der NATO gegen Jugoslawien war die Frage nach der Abschaltung der Verbindung eine Erwägung zwischen militärischen und politischen Strategien.

Diese neuen Grenzziehungen verlaufen in friedlichen Regionen und Zeiten selbstverständlich quer durch unsere Gesellschaften. Kulturelle und mediale Trennlinien werden die neuen Grenzen, die, wie ehemals die sozialen Barrieren, Gesellschaften durchschneiden und jene mit Chancen auf eine verbesserte Zukunft von den anderen scheiden.

»Die Multimedia Gesellschaft«, pointiert Manuel Castells in seinem breit angelegten Panorama »The Information Age: Economy, Society and Culture«, »wird von zwei grundlegend zu unterscheidenden Gruppen getragen werden: denen, die interagieren, und jenen, die passiv zum Gegenstand dieser Interaktion werden, also denen, die in der Lage sind, selbst ihre vielfachen Kommunikationswege zu wählen, und jenen, die nur eine begrenzte Anzahl vorgepackter Wahlmöglichkeiten zur Verfügung haben«.3

Die Kultur der Grenze

Wieder wird eine Grenze gezogen, eine scharfe, schwer überwindbare Trennlinie, ein Instrument der einseitigen Ausgrenzung, welches allein die Macht einer Seite betont. Auch diese Grenze wird mit dem Anspruch ausgestattet werden, sie trenne die Gärten der Zivilisation von der ungestalteten Wildnis ab. Sie wird, wenn sie so unerbittlich und einseitig errichtet wird, dieselben Ängste und dieselben Aggressionen – auf beiden Seiten – wecken wie die bereits bestehenden undurchlässigen Dickichte. Sie wird nicht nur nach draußen verheerend wirken, sondern auch diesseits Hubschrauberpatrouillen und eine At-

---

3 »Thus, the multimedia world will be populated by two essentially distinct populations: the interacting and the interacted, meaning those who are able to select their multidirectional circuits of communication, and those who are provided with a restricted number of prepacked choices.« In: Manuel Castells: The Information Age: Economy, Society and Culture. Vol. 1. The Rise of the Network Society. Malden, Mass.: Blackwell 1996, S. 371.

mosphäre der Verunsicherung erzeugen. Sie wird kontraproduktiv sein.
Was wir statt dessen dringend benötigen, ist eine Debatte über die Kultur der Grenze, über durchlässige Grenzen und überschreitbare Schwellen, vor allem aber über politische Regelwerke, die in diesen neuralgischen Zonen den Austausch von beiden Seiten aus fördern, statt Grenzsoldaten zur Abriegelung abzukommandieren.
Dabei geht es um den Rückbau der Thaya zur Belebung im Schlick der Altarme ganz genauso wie um die Verbreitung des Internet in Belgrad – und in Priština, der Hauptstadt des Kosovo.
Das ist keine Kleinigkeit, sondern der Kern eines politischen Programms.

Monika Wogrolly

MEHRDADS GESCHICHTE

Während wir in einem botanischen Garten einer Außenstelle der Universität Ohio auf Steinbänken saßen und Studierende dabei beobachteten, wie sie die Wiese vor einer Steinvilla unter sorgsamem Flüstern in den Platz für ein *Semesterabschlußfest* verwandelten, wußte ich wieder, was ich wollte. Ein Mädchen war unter den jungen Männern, die, weil so verhalten und still, nicht zu unterscheiden waren. Das Mädchen stand abseits. Sie war hochgewachsen und schlank und trug langes rotes Haar. Sie half nicht beim Schleppen der Getränkekisten und Bänke, sprach nicht und stand nur dabei. Welche Beziehung sie zu den jungen Männern hatte, war unklar. Sie ging, in den Hüften wiegend, leicht nach hinten gebeugt, über den Rasen. Wie zum Aufputz steht sie da, urteilte Mehrdad. Er sagte, daß er sich so eine *Tussi* vorstelle.

Mehrdad hätte mir *Mißtrauen* vorgeworfen, sagte die Rosa zu ihrem Yogalehrer, also nahm ich das Mädchen hin.
Sie ist unsicher, stellte ich fest. Sie überlegt vor jeder Bewegung, wie sie sie ausführen soll. So war ich auch mal. Mehrdad war zufrieden, sagte die Rosa zu ihrem Yogalehrer. Doch war eine Spannung zwischen uns, denn beide hatten wir nur eines im Sinn. *Die Geschichte.*

Mehrdads Geschichte handelte von Persien und seinen Jahren zwischen sechs und zwölf in Persien, bis zur *Aussiedlung*. Er suchte nach Schlußworten. Wenn er sie geschrieben haben würde, würde mich Mehrdad nach einer Frage fragen, die er in der Geschichte seinem väterlichen Freund stellen könnte. Dariusch, der Teppichverkäufer aus dem Ikea-Kaufhaus, früher ein Linker, Marxist, nach der Revolution aus Persien geflohen, seit zwanzig Jahren in Österreich, der sich mit Mehrdad und anderen regelmäßig im Café Eiles zum Zeitungsaustausch traf, kündigte in der Geschichte seine Rückkehr an. Eines Tages, sagte der Dariusch in der Geschichte, kehre ich nach Persien zurück. Mehrdad beschrieb den Dariusch. Er hatte eine Glatze, wie mit Schuhwachs poliert. Ganz genau schilderte Mehrdad die Hände Dariuschs in ihrem Spiel. Als ob er eine Frau mit großen Brüsten gewesen wäre und seine Brüste mit den zu Schalen geöffneten Händen festgehalten hätte. Der Dariusch ahnte nicht, wenn er sich mit Mehrdad zum Zeitungs- und Meinungsaustausch traf, was Mehrdad mit ihm anstellte. Er wurde zu Mehrdads Instrument, um die verlorene Heimat zu beschwören. Er war der Held der Geschichte, die Mehrdad schrieb.

Ich beneidete Mehrdad um Dariusch, sagte die Rosa zu ihrem Yogalehrer.
Ich beneidete ihn auf dem Rückweg aus dem botanischen Garten um sein *Ausgestoßensein* und warf ihm vor, es zu vermarkten. Das sei bei allen Kunstformen so, sagte Mehrdad, und ich beneidete ihn um die Sicherheit, mit der er es vertrat. Ich hätte auch lieber ein namhaftes Leid mein eigen genannt und darauf hingezeigt und gesagt: So ist es. Ich wäre lieber mit meiner Familie aus der Heimat vertrieben worden; ich wäre lieber im Exil gelandet und hätte das Exil verdammen und heruntermachen und die Heimat verklärt beschreiben und verherrlichen können. Ich wäre lieber zwischen Kulturen zerrieben worden, als in einer gefangen zu sein. Der Schrecken hätte ein Gesicht gehabt.
Mein Schrecken war schlimmer als Mehrdads. Mein Schrecken war namenlos. Er lief, wenn es dunkel wurde, auf mich zu, und wenn es hell war, lehnte er an den Straßenecken und verhöhnte mich. Mein Schrecken war *in* meiner Geschichte.
Wenn Mehrdad von *echten Metaphern* sprach und auf Sigmund Freuds biologischen Ansatz anspielte, verstand ich ihn

nicht. Auch den *Ödipuskomplex* verstand ich nicht, so oft man ihn mir auch erklärte. Ich achtete mehr auf die Stimme und den Blick meines Gegenübers als auf die Bedeutung von Worten. Worte streifen mich. Sie vergehen. Ich nehme sie nicht ernst. Darum nehme ich nur Geschichten ernst, die mehr sind als Worte.

Ich habe auf das Mädchen reagiert, als Mehrdad davon zu reden begann. Nicht auf den Verdacht, der sich mir aufdrängte, daß ihm das Mädchen gefiel. Ich glaubte, etwas geleistet zu haben. Ich war aufgesprungen, kaum daß wir uns gesetzt hatten, um aus dem Gebäude für uns Wasser zu holen. Ich war schon vor einigen Tagen dagewesen und kannte mich aus.
Ich war am frühen Nachmittag von zwei Amerikanern empfangen worden, die mich nicht ganz ernst nahmen. Es waren dann nur die Hälften der Männer gewesen, und mit den anderen Hälften waren sie, wie mit Telefonhörern, mit einer fernen Außenwelt verbunden gewesen, während wir in einem kühlen Raum, mit hohen Fenstern und Blick in den sonnigen Garten, um einen langen Konferenztisch gesessen waren. Der jüngere der beiden war mir gegenüber gesessen; der ältere saß rechts von mir. Auf der Toilette war mir zuvor eine Frau begegnet. Sie lächelte, obwohl sie mich nicht kannte.
Stellen Sie sich vor, die Frau sah mich zum ersten und letzten Mal in ihrem Leben, auf der Toilette der Außenstation der Universität! Ich hätte ein Eindringling sein können, doch sie sah mich und fand mich in Ordnung. Auch die Männer empfingen mich, als ob sie mit mir gerechnet hätten; sie wirkten und gaben sich so, als ob ich ihnen gerade recht käme und sie mit mir einverstanden wären.

Daran dachte ich, mit Mehrdad an dem Mädchen vorbeischlendernd. Zu den Männern hatte eine große Entfernung bestanden. Der jüngere, der die meiste Zeit über geschwiegen hatte, hatte sich gestört gefühlt. Seine Freundlichkeit konnte nicht darüber hinwegtäuschen. Sie behandelten mich höflich; sie entließen mich mit den besten Wünschen.

Maschinenmodell, pflegte Mehrdad zu sagen. Das *Maschinenmodell* betrifft das Setting in der Psychoanalyse. Analytiker und Analysand blicken wie von außen auf die Geschichte des Analysanden, auf ihn als Objekt.
Als er mir das *Maschinenmodell* erstmals erklärt hatte, waren wir zum ersten Mal in Ohio gewesen. Wir waren Hand in Hand in der Halle im Untergeschoß des *Zick-Zack-Rock* an einem großen Tisch vor einem gemeinsamen Cocktail gesessen. Mehrdad, der keinen Alkohol vertrug, hatte mir, mit gespieltem Akzent und unter Schluckauf, das Maschinenmodell mit gebrochener Stimme erklärt.

Mehrdad überlegte, wo man billig essen konnte. Ich durfte nicht den Fehler begehen, darauf Bezug zu nehmen, hatte ich nach unserem ersten Ohio gelernt. Wenn ich sagte, wir müssen sparen, reagierte Mehrdad nervös. Es gab für ihn andere Gründe, warum ich im Supermarkt nicht einmal etwas mehr nehmen durfte. Wie in dem Callcenter, wo ich bei der Einschulung darauf trainiert worden bin, jedes Anliegen in Form einer Frage zu formulieren, *fragte* ich.

Einmal hat er mich deswegen angebrüllt. Es war das einzige Mal, sagte die Rosa zu ihrem Yogalehrer, daß er sich bei mir entschuldigte.
Wir saßen im Freien auf einem Balkon, in Ohio über einem Fluß. Er hatte eben Dostojewski auf den Tisch gelegt und wollte mir aus einem Freud-Buch vorlesen. Ich schlug Dostojewski auf und lachte nach den ersten Zeilen. Das irritierte Mehrdad. Er sah mich finster an. Hinter ihm unterhielten sich ein französisch sprechendes Mädchen, das ich für ein Model hielt, und ein älterer gräßlicher Mann mit einer riesigen Nase. Das trug zu meiner Verstimmung bei, daß ich das Mädchen um Möglichkeiten beneidete, um das Interesse des Mannes und deren unbekanntes Verhältnis. Es ist immer so, daß etwas von außen sich einmischt; etwas Fremdes hinzukommen muß, damit Streit entsteht.
Ich fragte Mehrdad, ob ich ihn etwas fragen dürfe. Er blickte

auf. Spöttisch meinte er, daß ich es nicht zu übertreiben brauchte mit meiner Ergebenheit. Ich war zerknirscht, da ich mich bemühte, alles richtig zu machen und ihn nicht zu verärgern. Häufig war er, mir unverständlich, aufgefahren und umhergesprungen und hatte geflucht und unsere Beziehung für beendet erklärt, wenn ich Sätze gesagt, die mit *Ich will* begonnen hatten, oder wenn ich mich im Ton vergriffen hatte. Manchmal hatte meine Körpersprache dazu ausgereicht, Mehrdad in einen Zustand grenzenlos wütenden Ausuferns zu versetzen. Wie wenn man an einem Zupfinstrument eine Saite anschlägt, die nicht zu vibrieren aufhört, und durch die Berührung ein ganzes Orchester in Gang gebracht worden wäre, hüpfte und sprang er und war durch nichts mehr aufzuhalten. Je mehr ich die Schuld auf mich nahm, umso abstoßender muß ich auf ihn gewirkt haben. Er uferte umso mehr aus, und seine Flüche und Beschimpfungen, erst nur gegen die Situation gerichtet, richteten sich gegen die gesamte *österreichische Gesellschaft* und alle *Fremdenhasser, Faschisten* und *Nazis*.

Wir hatten überall Szenen, in Paris, Belgien, Wien, Ohio, auf der Straße und in Lokalen. Wir sind so kreuz und quer durch Paris gerannt, und Mehrdad unterschied zwischen Paris *eins* und *zwei*, um auseinanderzuhalten, wo es ihn wie ein Blitz getroffen hatte: War es ein Blick oder das Ausbleiben von Reaktionen, die *ein gesunder* Mensch zur *rechten* Zeit gehabt hätte, oder war es ein *kaltes Lächeln*, das ich nicht rechtfertigen konnte, oder etwas erinnerte ihn an meinen Ungehorsam.
In Paris trat er mit mir aus dem Kino und begann loszurennen, zu fuchteln und zu brüllen, worauf ich ihm, im Gefühl der Unschuld, nachrannte, und wehe, ich war ihm zu langsam.

Später habe ich erkannt, daß eine Kußszene im Film etwas in Mehrdad bewegt und ihn in einen Zustand völliger Wehrlosigkeit und Angriffslust versetzt hatte. Im Hotelzimmer schlug er um sich, wo wir uns geliebt hatten. (Mein Ungehorsam hatte auch ein verbindliches Gefühl erzeugt.)

Ich weiß nicht mehr weiter, was Ohio betrifft, sagte die Rosa zu ihrem Yogalehrer. Mein Kopf wird mir eng.
Mehrdad ist meine *existenzielle Klammer*. Er hat mich mit Blicken und Worten zerstückelt.

Du merkst nicht, was du den Menschen antust! Wie haben es andere mit dir ausgehalten? Was habe ich gesagt, wiederhole es! Mit dir kann ich nicht!

Mehrdad schrieb immer erst nachträglich seine Geschichten. Nach den leidenschaftlichen Jahren seiner Affäre mit einer Frau schrieb er über die Frau, und Jahre nach Persien, in Wien, über Persien, und nach Wien, in Ohio, über Wien, und am Ort X, wo er irgendwann sein würde, über Ohio, und so weiter.
Nach mir über mich, fragte ich. Du fühlst dich schon wieder angegriffen, schimpfte er: Schwöre beim Leben deiner Eltern, daß du nicht mißtrauisch bist. Glaube mir, was ich sage, beschwor er mich. Und ich beteuerte es ihm mit klarem Ausdruck.
Ich log, denn ich konnte nicht glauben. Einerseits schon, aber andererseits. So wie die Männer in der Außenstelle der Universität Ohio nur halb und nicht ganz anwesend gewesen waren, war mein Glaube ein halber. Mein Vertrauen war halb. Ich war halb von der Liebe überzeugt und bereit, Mehrdad zu folgen. Doch die andere Hälfte von mir war woanders und fern. Und ich wußte noch nicht einmal, wo, oder stellte mich absichtlich dumm.

Sie waren es, der mir sagte, daß ich mich manchmal dümmer stelle als ich bin!, sagte die Rosa zu ihrem Yogalehrer.
Mehrdad wirft mir oft vor, wie viele Jahre er für den Beruf geopfert habe und daß er als Anhänger einer orientalischen Glaubensgemeinschaft verpflichtet gewesen sei, etwas Soziales zu machen. Die meisten Mitglieder waren Ärzte und Juristen. Er habe in einer geriatrischen Abteilung des Krankenhauses mit dem Ausstellen von Totenscheinen und dem Verordnen von antibiotischen Mitteln acht Jahre verloren. Nun habe er zu

Recht einen großen Nachholbedarf und sei, was die Anerkennung seiner Geschichten betreffe, wohl zu verstehen. Die *Gier*, die ich ihm vorwarf, beruhte seiner Ansicht nach auf Neid. Neid sei eines der niedrigsten Gefühle; Eifersucht sei da noch niveauvoller, sagte er. Ob es etwas gäbe, das ich ihm gönnen würde, fragte er und erging sich darin, wie engherzig ich sei. Das Wort *engherzig* habe er in seinen Rechtfertigungsbrief an den Leiter des Krankenhauses geschrieben um zu erklären, warum er wegging.
In den USA, an der Klinik in Bloomington, herrschte eine *große Freundlichkeit*. Er sei bei seinen Besuchen dort stets mit offenen Armen empfangen worden. Die Amerikaner seien anders als die Österreicher. Er liebe die dort herrschende *Geordnetheit*, er liebe die Gemütsart der Amerikaner. Die Österreicher seien *engherzige Fremdenhasser*. Ich hasse Wien, sagte er kurz vor der Übersiedlung nach Ohio. *Ich liebe Wien* sagte er seltener. Und je nachdem, wer ihm gegenüberstand und wie er sich fühlte, sagte er das eine oder andere über Österreich und Wien, das bald als seine Heimat auftrat, bald als Fremde und Gefängnis. Mehrdads Haß war in seinen Geschichten.
In seiner Heimat habe er alle Möglichkeiten gehabt, so Mehrdad, in Wien sei er ausgegrenzt worden. Nicht direkt ausgegrenzt, räumte er manchmal mildernd ein, doch habe er nicht dazugehört wie in Persien.
Ich habe Mehrdad angesehen. Warum gehst du nicht zurück? Du sprichst von Persien, als wärst du *gestern* dort gewesen! Ich informiere mich, sagte Mehrdad und verwies auf den regelmäßigen Zeitungs- und Gedankenaustausch im Café Eiles mit seinen Landsleuten. Daß *ich* sein Persien sei, sagte er voller Liebe.
Dieser Schmerz war mir fremd, aus dem eigenen Land vertrieben und um die Muttersprache gebracht worden zu sein. Daß die alteingesessenen Perser wie Dariusch erstaunt darüber wären, wie gut Mehrdad seine Muttersprache beherrscht, obwohl er auch mit ihnen großteils deutsch spreche und daher wenig Gelegenheit habe, in seiner Muttersprache zu reden,

freute Mehrdad. Er war ein glühender Junge mit einem zerrissenen Herzen.
Mehrdads Schmerz erweckte meinen Schmerz; Mehrdads ganz anderer Schmerz scheuchte meinen ruhig in einer Ecke liegenden auf, und es kam zum Krieg zwischen Mehrdad und mir, immer wieder und ununterbrochen. Manchmal, wenn ich ihn nur sah, war es wie ein Blick auf meinen Schmerz. Und umgekehrt, wenn er mich sah, sah er auf seinen Schmerz. Und wir küßten uns schnell, um es zu verhindern.

Immer wenn ich trinke, sagte die Rosa zu ihrem Yogalehrer, wird Mehrdad durstig.
Wenn ich mich an ihn schmiege, versinke ich in seinem weichen Fleisch. Er hat etwas Dringliches und zugleich Zurückhaltendes in seinem Blick. Er nennt sich selbst *scheu*. Nie würde er mich zuerst berühren. Einerseits, sagt er, weil es mir nicht guttun würde, zuerst berührt zu werden, und andererseits, um sich zu schützen. Wenn er sich nicht oder nicht ausreichend geschützt hat, platzt er auf.

Wie im Schwall kann er sich über den Asphalt ergießen, eine Mehrdad-Fontäne, ein Wolkenbruch. In Ohio mehrmals geschehen, sagte die Rosa zu ihrem Yogalehrer, und wir haben dem berühmtesten amerikanischen Gruppenanalytiker Eric davon erzählt. Wir haben ihm Beispiele unserer Streits genannt, die wir selbst nicht mehr fassen konnten. Der Anstoß dazu war von Eric gekommen. Er war ein Mann mit einem wissenden und erleuchteten Gesicht.
Als Mehrdad davon sprach, eine Geschichte über Eric als *der Trompeter* schreiben zu wollen, fürchtete ich Mehrdads Geschichte und daß er sich Eric *vor mir* zu eigen machen könnte, weshalb ich, aus Ohio zurückgekehrt, von einer inneren Unruhe ergriffen wurde.
Zwischen uns auf dem Tisch waren zwei Trompeten, drei Pfeifen und eine Schachtel Zigarren gelegen, die Eric üblicherweise im Tiefkühlfach aufbewahrte. Er ging mit seinen Sachen sorgsam um. Als ich abgereist und Eric von einer Gruppensit-

zung zurückgekehrt war, kochte er für sich und Mehrdad Spaghetti, und sie redeten von früher.
Eric gab Mehrdad das Gefühl, ihn zu mögen, weiß ich von Mehrdad, der geschmeichelt wirkte, als er mir davon in Wien berichtete. Eric gestand ihm, mit einem Mann gelebt zu haben. Mehrdad nahm mir das Versprechen ab, mir bei einer Begegnung mit Eric nichts davon anmerken zu lassen.
Eric hatte eine hellrosa Gesichtshaut und feine englische Züge. Er war italienischer Abstammung. Sein Vater wäre Weinhändler gewesen, und er habe sich immer dafür geschämt, brachte Eric uns mit Offenheit dazu, uns zu lösen. Darum wäre er Psychoanlaytiker geworden. Ich erzählte auf Mehrdads Drängen, um Eric nachzugeben, eine unserer Szenen. Mehrdad wollte nicht, daß ich von der Geschichte mit dem *Apple pie* erzählte. Ich wußte auch sofort, warum er es nicht wollte.

Denn ich hatte recht in der Geschichte mit dem *Apple pie*, sagte die Rosa zu ihrem Yogalehrer.
Abends hatten wir uns von Eric getrennt, damit er nach seinem langen Tag im Trompetenspiel Ausgleich finden konnte. Wir kündigten ihm an, schnell auf ein Sushi zu gehen und ihn anschließend in seinen Jazzclub zu begleiten. Draußen ging ich mit Mehrdad Hand in Hand. Der Sushi-Laden hatte geschlossen. Wir überquerten mehrere Plätze. Wie üblich lief Mehrdad gerade vor dem Anfahren einer Straßenbahn über die Schienen. Oft fiel ihm mitten auf einer Kreuzung etwas ein, und es kam zu einem Seitensprung. So hatte sich auch die Wohnungssuche mit ihm schwierig gestaltet, da er sich zwar ausführlich mit den Wohnungsinhabern telefonisch unterhielt, nicht aber nach den Adressen fragte und danach ratlos an den großen bewegbaren Stadtplänen kurbelte, um den richtigen Buchstaben mit der entsprechenden Zahl zu koordinieren und den Stadtkreis auszumachen. Wir waren kilometerweit sinnlos gegangen und hatten Passanten gefragt.
Wir waren an unmöglichen Orten gelandet, ewig von der Stadtmitte entfernt, und mußten doppelt Vermittlungsgebühr bezahlen, und mir schien, daß Mehrdad manchmal mehr Wert

auf einen guten Ton und ein Lächeln legte als auf sein Ziel. So war die Wohnungssuche ein Abenteuer.
Wir haben den Bahnhof erreicht. In der riesigen Halle war am Vortag ein Markt gewesen. Volksmusik hatte mir ein Gefühl von Heimat gegeben. Eine kolossale Frauenfigur, sie erinnerte an die Venus von Willendorf, beherrschte aufgeblasen, von der Decke der Halle baumelnd, die Szene. Ich folgte Mehrdad in ein Restaurant. Wir waren dort schon am Vormittag vor einem Bildschirm gehockt und hatten im Internet in allen Tageszeitungen nach Stellen gesucht. Mehrdad bestellte Curry-Huhn; meist aß er etwas mit scharfen Gewürzen; meist war es gelb, und ich nahm etwas anderes. Jedenfalls hatte ich Eric auf der Ledercouch davon erzählen wollen, daß ich, nachdem Mehrdad bereitwillig auf das Papiertischtuch seinen *Zeitkuchen* gezeichnet hatte, höflich gefragt habe, ob ich noch ein Dessert haben dürfe. Mehrdad hatte ja gesagt.
Der *Zeitkuchen* war ein gezeichneter Kreis, aus dessen Unterteilungen hervorging, wieviel Zeit er in Ohio mir und seinen Geschichten zu widmen gedachte. Mein *Zeitkuchen* war ein Vorwurf, da ich, was ich bisher zu tun gewohnt war, aufgegeben und durch *Haushalt* und *Jobsuche* ersetzt hatte. Während ich den *Zeitkuchen* gemacht hatte, hatte ich mir gedacht, nicht mit Mehrdad zu gehen, und war vormittags mit ihm mitten in einer nach Waschpulver riechenden Kellerstube gestanden, als würde ich demnächst dort für uns waschen. Ich war mit Mehrdad wie mit einem Ehemann aufgetreten, und wir hätten nach der Wohnungssuche schon etliche Ohioer Bürger als Zeugen unserer Scheinehe gehabt.
Der *Apple pie* hatte wie ein *Wiener Apfelkuchen* ausgesehen. Ich wollte auch Mehrdad davon abgeben und hätte ihm die Hälfte überlassen. Kaum habe ich zu essen begonnen, hieb schon seine Gabel ins Kuchenfleisch. Dann folgten beide Hände Mehrdads, mit denen er den Kuchen zerbrach. Ich protestierte. Ich nannte Mehrdad *haltlos* und *gierig*. Schwein. Während er den Teller abwechselnd von mir wegzog und zu mir hinschob, verzehrte er den Rest. Es sei *sein* Kuchen, er habe ihn bezahlt, und ich sei *engherzig*. Nie werde er mir meine

Worte verzeihen. Und er wiederholte sie kauend, am ganzen Leib glühend. So etwas wie mich könne er nicht brauchen, nein, nein, und so fort, und unsere Bleistiftkreise glotzten uns verwundert an.

Unser Zeitkuchen! War, was wir eben noch besprochen und worin wir uns einig gewesen waren, vergessen? Hatte der *Apple pie* alles verdorben? Die Musik, *Cher*, wurde dröhnend laut. Vom Nebentisch tupfte mich über Mehrdads glühenden Leib und seine kauenden Beschimpfungen hinweg der Blick eines jungen Mannes ab. Als Mehrdad auf die Toilette verschwand, vermied ich es, ihn zu erwidern, und erst als Mehrdad zurück war, wagte ich es. Der Blick schien mir zu sagen: Sorry. Und alle konnten Mehrdad brennen sehen. Er sprang zur Tür hinaus. Alles war nun anders. Ich durfte nicht seinen Namen sagen. Ich hatte mich fehlverhalten, ich hatte alles zerstört. Mein Verhalten stellte die Liebe in Frage. Diese Szene sollte ich Eric nicht erzählen.

Mehrdad hatte bis zu Erics Haus getobt, bis ich weich und einsichtig geworden war. Mit Worten allein konnte ich mich in solchen Fällen nicht mehr retten. Erst wenn ich spürbar geschmolzen, gebrochen war. Aufrecht gesprochene Entschuldigungen blieben ungehört. Ich mußte mich unterwerfen.

Eric bekam eine andere Geschichte zu hören. Sie stammte vom selben Tag, und es ging um das Notebook, erzählte die Rosa ihrem Yogalehrer.

Mehrdad hatte sich in den Mittagsstunden mit dem Notebook in Erics Wohnzimmer gesetzt und angekündigt, an seinem Persien weiterzuschreiben. Ich hatte aufgemuckt, auch ein Notebook für meine Geschichte zu wollen. Ich war neidisch, sagte ich zu Eric. Eric schien mich nicht ganz ernst zu nehmen. Das klingt wie vorgesagt, belächelte er mein Schuldbekenntnis. Mehrdad habe *bestimmt etwas vorher gemacht*, das mich in diese Stimmung versetzt habe. Und Eric meinte, es sei falsch, davon auszugehen, daß immer derjenige an einem Konflikt schuld sei, der begonnen habe.

Mehrdad wurde bei diesen Worten nervös. Er hat mir fast die

Finger gebrochen, so unruhig machte ihn Eric. Was redest du da, sagte er schließlich, hetze sie nicht gegen mich auf. Mir war klar geworden, daß ich nicht die alleinige Schuldige war. Mehrdad war mitschuld. Seine Strategie, mich glauben zu machen, daß derjenige, der begonnen hat, alleinverantwortlich für das Scheitern einer Beziehung ist, leuchtete mir nicht mehr ein. Am Tag meiner Abreise wurden vor dem Bahnhofsgebäude Broschüren verteilt über Mißbrauch in Krankenhäusern. Mehrdad war schon die ganze Zeit aufgeregt gewesen und fragte mich etwas zu der Broschüre. Ich wußte nichts zu entgegnen. Und sagte, daß die Broschüre nicht von mir geschrieben worden sei; Grund genug für Mehrdad, aufzubrausen. Er raste vor Wut und sprang und fluchte, er verfluchte mich. Ich lief ihm nach und flehte um Nachsicht, ohne Geld in einem fremden Land. Ich lief ihm hinterher und hörte, wie er fortwährend *Ich habe nichts getan – gar nichts – gar nichts* brüllte. Er rannte zu Erics Wohnung. Auf Erics Ledercouch brach ich in Tränen aus. Mein Kopf glühte. Mehrdad lag zwei Türen weiter im Bett. Mir war übel. Alles entfernte sich von mir, verspottete mich. Ich wußte keinen Ausweg. Schließlich beruhigte ich mich. Noch schwach auf den Beinen wusch ich mich und schlich vor seine Tür und bat und öffnete vorsichtig. Ich kniete mich neben das Bett und berührte das feine Haar auf seinen Schultern, drückte mein Gesicht darauf. Ich selbst roch nach Fremde.
Etwas wurde hart; es rieb sich an mir. Dann zog er sich zurück und betrachtete mich mit ausdrucksloser Miene. Er sprach knurrend und monoton, ich solle mich auf den Boden knien und freimachen.
Eine Dreiviertelstunde später beklagte er sich, wie anstrengend die Gürtelzüchtigung gewesen wäre. Mit der Hand schlage er mich lieber, das errege mich, wovon auch er wieder erregt werde. Wir trennten uns.

O. P. Zier

GRENZEN ALS LOS oder UNSERE TÄGLICHE GRENZE GIB UNS HEUTE!

Die Grenzen dieser literarischen Überlegungen zum Thema GRENZENlos liegen für den Verfasser bei einem von den Auftraggebern gezogenen Limit von maximal 18 000 Zeichen – für die Leser mögen die Grenzen so einer Arbeit in jenen der Begabung ihres Autors erkennbar werden.
Kurz: Nichts ist bei diesem Unterfangen tatsächlich GRENZENlos, so geradezu unbegrenzt eine solche Themenvorgabe auch erscheinen mag.

Grenzen als Los.
Herkunft als Grenze: Lend im Pinzgau – vielfach begrenzt.

In einem kleinen Industrieort auf dem Land, umgeben von – in langer Tradition – touristisch genutzter Landschaft aufzuwachsen bedeutet – im Rückblick –, ein Leben in einer Enklave geführt, somit Grenzen gleich auf mehrfache Weise erlebt zu haben. (Wobei sie merkwürdigerweise dem von ihnen so vielfach Eingegrenzten in aller Deutlichkeit erst zu dem Zeitpunkt erkennbar wurden, wo sie längst überwunden waren. Selbst unter der Annahme, daß dies nie restlos gelingen würde.)
Rund um den von seiner Aluminiumindustrie bestimmten und – vor allem von Durchreisenden – als unsagbar häßlich empfundenen Ort Lend im Pinzgau, in dem Urlauber nur übernachteten, wenn sie – hauptsächlich infolge einer Autopanne – von »höherer Gewalt« entsprechend rabiat dazu gezwungen

wurden (bezeichnenderweise befand sich das einzige Gasthaus des Ortes, welches *Fremdenzimmer* anbot, im Besitz des Eigentümers der gleichfalls einzigen Automechanikerwerkstätte und war derselben auch baulich angeschlossen), rund um diesen, lange Jahre vor der Aluminiumproduktion bereits vom Goldbergbau bzw. der Verhüttung dieses Metalls dominierten Ort, der also somit schon seit Jahrhunderten regelrecht die Verkörperung des Werktags war, der sich bekanntlich gegen den Feiertag abgrenzt, befinden sich Orte wie Bad Gastein, die ihrerseits traditionell trotz Bergbau-Vergangenheit zuallererst Inbegriff der Erholung, des Kuraufenthalts, also des Nichtstuns, somit de facto des Feiertags waren.

Mein Heimatort war sozusagen der Werktag, der an den Feiertag grenzte.

Landschaftlich eingekesselt, also von Bergen umstellt und damit unübersehbar bereits von der Natur eingegrenzt, erlebten die schlecht bezahlten Industriearbeiter in ihm – was natürlich heißt: mit ihnen ihre Familien! – die permanente ökonomische Begrenzung ihres Daseins. Und dieses wiederum verlief aufgrund der ungesunden Arbeitsweise an den Hochöfen, an denen sich die Männer auch noch ihre Mägen ruinierten, da sie der enormen Hitze wegen eiskalte Getränke in sich hineinschütteten bzw. nebenher dadurch zu Alkoholikern wurden, daß sie kistenweise Bier konsumierten während dieser zerstörerischen Schichtarbeit, auch noch in biologisch engsten Grenzen.

Grenzen über Grenzen also; teils so eng, daß sie von manchen Betroffenen wohl als schier in Körpernähe verlaufend empfunden werden mußten – wenn auch vielfach unbewußt, als dumpfes Gefühl der Unzufriedenheit. Und dieses wiederum trieb viele dieser Männer in der kargen Freizeit ins Gasthaus, wo sie all diese Grenzen – für nicht wenige gewiß so eng anliegend wie Bandagen – über Alkoholmißbrauch zu überwinden versuchten. Alkoholmißbrauch, der – ironischerweise – in der Folge die Grenzen ihres Daseins sehr rasant noch enger schnürte: sowohl die wirtschaftlichen dieser ihre mickrigen Löhne in die Gaststätten tragenden Männer als auch ihre gesundheitlichen.

Lend als Ansammlung von Grenzen auch dadurch, daß der kleine Industrieort auf dem Land in Salzburg zuallererst und unübersehbar sowohl die Nachteile eines Dorfes als auch die Nachteile einer Industriestadt in sich vereinigte. Also von jeder der beiden Varianten das aufzuweisen hatte, was sie von den Vorzügen abgrenzte.
Hinzu kam für die Kinder aus den Arbeiterfamilien ein merkwürdiges Zusammenwirken von Betrieb und Schule, ein Ineinandergreifen der beiden Institutionen nach Art eines exakt funktionierenden Räderwerkes. Mit kaum Spielraum für Talente, welche diesen in der Tat wie geschmiert laufenden Apparat dadurch störten, daß sie nicht den von beiden gehegten Erwartungen zu entsprechen gewillt waren. Schien das Unternehmen der Schule doch zuvorderst die Aufgabe zuzuweisen, für Nachschub in den Fabrikshallen zu sorgen. Chancengleichheit, wie sie von einem Kind aus einer Arbeiterfamilie in Lend zu erleben war, bestand zuallererst darin, daß die Arbeiterkinder die gleiche Chance haben sollten, später Fabriksarbeiter zu werden wie ihre Väter. (Dabei darf nicht vergessen werden, daß es sich bei dem von mir erinnerten Zeitraum um die Jahre eklatanten Arbeitskräftemangels handelte, erst recht für so miserabel bezahlte, gesundheitsschädliche Schwerstarbeit!)
Eine früh gemachte, eigentümliche Erfahrung: Talent bei Arbeiterkindern, das nicht in einer Begabung für körperliche Schwerarbeit bestand, wurde vom überwiegenden Teil der in ihren engen Vorurteilsgrenzen befangenen Lehrkräfte geradezu als unrechtmäßiges Besitztum angesehen, somit nicht als erfreuliche, zu fördernde Eigenschaft wahrgenommen, sondern als nicht zu tolerierende Grenzüberschreitung geahndet.
Deutschunterricht bestand im planmäßigen Austreiben von Phantasie, war die Erziehung zu geradezu normierter Sprachlosigkeit. Und dies, wo sich dieser gewaltsame schulische Eingriff in eine natürliche Begabung ohnehin in einer sozialen Umwelt vollzog, in der Sprache so gut wie nie die Grenzen des reinen Mitteilungsinstrumentes verließ – vorwiegend der Weitergabe, in erster Linie natürlich dem Empfang von Befehlen diente. (Unvergeßlich für mich die Beurteilung meiner Schulaufsätze

durch einen besonders eng begrenzten Deutschlehrer, für den Sprache das hilflose Herbeten von Floskeln, Phantasie geradezu ein Schreckgespenst war: *Keine langen Sätze bilden! Keine Übertreibungen!*)

Die Förderung einer so sehr als unstandesgemäß betrachteten Begabung war somit schon sehr früh ausschließlich der eigenen Person überantwortet und hatte darüber hinaus auch noch ein gut Teil ihrer Energie aus der Opposition wider diese alltäglich erlebte Engstirnigkeit zu beziehen.

Daraus ergab sich natürlich eine zwar erheblich anstrengendere, aber auf mehrfache Weise persönlichkeitsformende Art und Weise der Entwicklung, deren Basis die tägliche Grenzüberschreitung war und die ihrerseits wohl, so es sie gibt, eine allfällige Ur-Angst vor Grenzüberschreitungen in die Schranken wies.

Wahrscheinlich verdankte ich den Umstand, letztlich nicht doch gebrochen worden zu sein, der einzigen Ausnahme aus dem Deutschlehrerreservoir der Kindheit, einer sehr früh das Talent erkennenden, was hieß: *an*erkennenden und damit das Selbstbewußtsein stützenden Lehrerin. Es dürfte wohl das auf diese Weise gelegte Fundament des Zutrauens in Phantasie und *eigenen* sprachlichen Ausdruck gewesen sein, das mich – im Zusammenwirken mit außerschulischen, solchen Sprachlosigkeitsverordnungen krass entgegenstehenden Lektüreerfahrungen – den hartnäckigen Versuchen ihres Nachfolgers widerstehen ließ, auch bei mir einer Art Bürokratisierung der Sprache durch ihre gewaltvolle Begrenzung auf schematische Formelhaftigkeit zum Durchbruch zu verhelfen. Und dafür auch die Sanktionierung mit schlechten Noten in Kauf zu nehmen, ohne an der unfaßbaren Ungerechtigkeit solcher Beurteilungen, welche *Ver*urteilungen infolge Unbeugsamkeit waren, zu zerbrechen.

Grundsätzlich war allerdings nach solchen Erfahrungen mit einer offiziellen Einrichtung wie der Schule für ein (Unterschicht-) Kind sehr früh klargestellt: Einen Ausbruch aus diesen engsten sozialen Grenzen versprachen unter solchen Lebensbedingungen in erster Linie die beiden hiefür geradezu klassisch zu nen-

nenden Disziplinen, in denen der Terror gesellschaftlicher Konvention, bewaffnet mit vielfältigster Dünkelhaftigkeit, seine Wirksamkeit einbüßt: im Leistungssport und in der Kunst (in letzterer bevorzugt natürlich in sämtlichen Bereichen der Populärkultur, an vorderster Stelle jenem der Popmusik). Zwei Gebiete also, deren Territorien so beschaffen sind, daß sie sich großteils als immun erweisen gegenüber dieser Strategie der konsequenten Ausgrenzung zwecks Abschottung gegen den Einbruch von als nicht standesgemäß empfundener Begabung. Die Durchlässigkeit der angesprochenen engen sozialen Grenzen konzentrierte sich also auf zwei scheinbar so gegensätzliche Bereiche: Der eine bestimmt von der exakten Meßbarkeit einer (in erster Linie) physisch zu erbringenden Leistung (und dadurch zwangsläufig dem Einflußbereich von Standesdünkeln entzogen), der andere geprägt vom Fehlen jeglicher vermeintlich objektiver Maßstäbe auf dem über reine Wissensakkumulierung weit hinausführenden Gebiet einer Begabung, das sich gleichfalls bekanntermaßen noch nie um Herkunft gekümmert hat.

Die Grenzen los zu sein als wichtigste Grundbedingung für das mögliche Entstehen einer Sucht nach Grenzerfahrungen?

Unter der Voraussetzung, nicht ein aus einer Anhäufung von Grenzen bestehendes Leben zu führen gezwungen zu sein, wie von mir vorab als alltägliche Erfahrung in meinem so vielfach begrenzten Heimatort skizziert, sondern unter dem Eindruck zu stehen, solche Grenzen wirklich los zu sein, kann offenkundig bedeuten, das Fehlen von Grenzen plötzlich – mehr oder minder bewußt – als Mangel wahrzunehmen, in einem sich so sehr als reine, die eigene Person letztlich auf ihre Weise allerdings ebenfalls erstickende Fülle präsentierenden Leben. Folgerichtig wird eine Suche nach Grenzen einsetzen, die gelegentlich den Charakter von Sucht annehmen kann. Zum Beispiel über den Weg frei gewählter physischer Herausforderung. (Noch am harmlosesten die Jogging-Junkies: laufsüchtige, endorphinabhängige höhere Angestellte, die außerhalb ihrer Suchtbefriedigung kaum noch einen Schritt zu Fuß zu gehen pflegen.) Aber *das* Paradebeispiel natürlich: die Grenzerfahrung durch freiwillige – zeitlich begrenzte – Einschränkung des alltäglich gewordenen Komforts. Etwa über (Urlaubs-)Aufenthalte in spartanisch ausgestatteten Klosterzellen oder auf einsamen Almhütten u. ä. m. Eine neue Form von Luxus-Erlebnis also im bewußten Entbehren von Luxus zu entdecken.

Rund um die Nachfrage, die daraus entstanden ist, haben sich natürlich die entsprechenden Angebote herausgebildet: Klöster öffnen ihre Tore; entlegenste Berghütten finden Mieter. Und dem Bedürfnis nach extremerer physischer Herausforderung trägt natürlich jener Zweig der Freizeitindustrie Rechnung, welcher die sogenannten Risikosportarten, mithin das Abenteuer, im Programm hat. Sei es Paragliding, Rafting, Canyoning, free climbing, Mountainbiking usw. Sämtliche auszuüben in mehr oder minder unwegsamem Gelände, also in lange Zeit fast durchwegs von touristischem Profit ausgegrenzten Landschaften, gekennzeichnet, um nicht zu sagen: stigmatisiert, von unzugänglichen Schluchten, abweisenden Felsmassiven oder sich wenig einladend gebärdenden Wildwassern.

Der so provozierend herausforderungslos gewordene Alltag – Komfort bis hin zur beheizten Garagenzufahrt im Winter – läßt zumindest für die begrenzte Dauer eines Urlaubs früher gemiedenen Gebieten schier unwiderstehbare Anziehungskraft zuwachsen, wenn es darum geht, Grenzerfahrungen zu machen. Genau all jene Merkmale, welche diese Landesteile einst *aus*gegrenzt hatten, verwandeln sie auf diese Weise in ihr Gegenteil, bilden mittlerweile die Voraussetzung, somit die Geschäftsgrundlage für ihre Nutzung im Freizeitbereich. Und sie ziehen Menschen an, deren übereinstimmende Auskunft auf die Frage nach der Begründung für ihr – nicht ungefährliches – Tun stets auf die geradezu schon stereotype Antwort einer »Suche nach seinen eigenen Grenzen« hinauszulaufen pflegt.

Das, was sich grob als Abenteuerurlaub zusammenfassen läßt – inklusive sogenannter Überlebenscamps –, war bekanntlich sehr früh für solche Menschen besonders attraktiv, deren Alltagsrealität sich aus einem Cocktail rundum abgesicherter, kaum von erkennbaren Grenzen behelligter, sozusagen vollklimatisierter Führungsposition ereignet. Ein Leben, höchst maßvoll nur gefährdet – weil selbst bei Kündigung durch reichlich Abfertigung abgefedert – auf einer wenig physisch erlebten Ebene des beruflichen Konkurrenzkampfes. Gerade solche Menschen waren nun bekanntlich unter den ersten, die beträchtliche Summen auslegten dafür, mit einem Buschmesser von einem Hubschrauber in unwegsamem Gelände ausgesetzt zu werden, um – fern vom gewohnten Geschwader ergebener dienstbarer Geister abhängiger MitarbeiterInnen – auf der Suche nach eßbaren Pflanzen und der Jagd nach proteinhaltigem Kleingetier seine Grenzen – als schlichte Kreatur – ausfindig zu machen. Die eigene Existenz über ihre bewußte Gefährdung intensiv (oder überhaupt erst wieder) wahrzunehmen, nachdem sie sich in ihrer so sehr abgesicherten Alltagswirklichkeit um diese archaische Grunderfahrung des menschlichen Daseins geradezu betrogen fühlen mußten.

Aber auch so eine Grenzerfahrung will allerdings *gebucht* sein, also von Spezialisten offeriert und organisiert, eingepaßt in den Terminplan.

Das Angebot wiederum – nehmen wir das Rafting – muß eindeutig über die Aura des Abenteuers verfügen. Es muß die Grenzerfahrung als unausgesprochenes Versprechen in sich tragen. Das funktioniert natürlich nicht von alleine.

So zynisch es klingen mag: Damit eine – vergleichsweise ohnehin oft irrtümlich als bereits *zu* gemäßigt erscheinende – Risikosportart wie das Rafting im Bewußtsein der potentiellen Kundschaft sowie in dem der Allgemeinheit nicht zu einer ebenso harmlosen wie reizarmen biederen Freizeitaktivität für Familien verkommt, damit es nicht hoffnungslos abdriftet in das große Reservoir der letztlich herausforderungsfreien, weil unendlich weit von jeglicher Grenzerfahrung entfernten, die Abgesichertheit des Lebensalltags bloß wiederholenden Langeweile, damit also ein so spezielles Angebot der Freizeitindustrie nicht in dieser Harmlosigkeit versumpft und damit zwangsläufig ihr Profil verliert und ihren innersten Kaufanreiz, das modisch als »Kick« bezeichnete Gefahrenmoment einbüßt, müssen sich leider von Zeit zu Zeit spektakuläre, dramatische, medial stark beachtete und damit ins Bewußtsein breiter Bevölkerungsschichten vordringende, natürlich von niemandem gewünschte oder gar herbeigesehnte, in Wahrheit jedoch unabdingbar notwendige Unglücksfälle mit mehreren Toten ereignen wie jene Raftingtragödie auf der Salzach, in meiner unmittelbaren Lebensumgebung, zum Zeitpunkt meiner Arbeit an diesem Text.

Nicht unbezeichnend dafür ist, daß der selbstverständlich aufrichtig geschockte Raftingveranstalter, der die auf das Unglück folgenden Tage den Betrieb aus Pietät eingestellt hatte, sehr bald unter dem Druck der großen Nachfrage genötigt war, die Salzach wieder mit Schlauchbooten zu befahren, wollte er nicht überhaupt für immer dichtmachen.

Aber: Wie sonst, wenn nicht durch einen so tragischen Unglücksfall, bei dem vier Menschen, die halbe Besatzung des Bootes, ihr Leben verloren, soll jemand, in einen wärmenden Neoprenanzug und in eine pralle, absolute Sicherheit signalisierende Schwimmweste gesteckt, denn einen Begriff davon bekommen, daß die Natur es wirklich *ernst* meine, daß man tatsächlich an Grenzen vorstoßen würde auf dieser Fahrt?

Der Nervenkitzel, der konsumiert werden will, bedarf zwangsläufig von Zeit zu Zeit einer sehr realen Aufladung durch unwiderlegbare Beweise einer tatsächlich gegebenen, nicht bloß suggerierten Gefährlichkeit. Der Akku würde sich ansonsten infolge allzulang wiederholter Harmlosigkeit entleeren. Die Energie, welche das Gefahrvolle dieser Freizeitaktivität verströmt und sie erst reizvoll erscheinen läßt, würde sich verbrauchen. Mit ihr die Zugehörigkeit zu einer exklusiven, aber gar nicht mehr so kleinen Palette an Angeboten verlöschen, welche die Losung in sich tragen: *No Risk, no Fun*. Und die damit auch die junge Konsum- und Genuß-Generation zu ihrer Klientel zählen darf, für die der Prestigewert dieser Art der Grenzerfahrung zweifellos sehr hoch ist.

Dort also, wo der Lebenskampf als solcher kaum noch wahrnehmbar, geschweige denn ein *Über*lebenskampf ist, wo diese drastischen Grenzen außer Sichtweite geraten zu sein scheinen, in den Chefetagen repräsentativer Unternehmungen, auf alle Fälle im Bereich des mittleren und höheren Managements, dort entfalten solche Risikosportarten natürlich ein erhebliches Maß an Anziehung. Sie sind zudem ja auch für die sogenannten Führungspersönlichkeiten eine Art Nachweis dafür, wonach im Wirtschaftsleben heute mehr denn je gegiert wird: für Jugendlichkeit und Dynamik, Einsatzbereitschaft und Risikofreude. (Die rundlich-behäbige Eigentümergeneration der Wirtschaftswunderzeit ist nur noch in Ausnahmefällen anzutreffen; das war die sogenannte Kriegsgeneration, welche von Grenzerfahrungen in der Regel ein für allemal genug hatte und zuallererst nach Sicherheit strebte.)

Schon diese kleinen literarischen Betrachtungen zum Thema GRENZENlos zeigen deutlich die offenkundige Tendenz der menschlichen Spezies auf, zwischen den beiden Extremen zu pendeln: Dort, wo unfreiwillig Grenzen akzeptiert werden müssen, alles zu tun, um sie zu überschreiten, und sie dort freiwillig zu suchen, wo sie nicht mehr unfreiwillig in Kauf genommen werden müssen.

Und dies nicht doch bloß deshalb, weil die nicht zu überschreitende Ur-Grenze, jene, der letztlich alle übrigen nachgebildet erscheinen, die Lebensgrenze, nicht zu überschreiten ist?

St. Johann/Pg., 28. Juli 1999

BIOGRAPHIEN UND BIBLIOGRAPHIEN

Manfred Chobot, geboren 1947 in Wien; Studium der Kulturtechnik; freier Schriftsteller; er erhielt mehrere Literaturpreise und Stipendien, darunter den Theodor Körner-Preis. Herausgeber der Reihe »Lyrik aus Österreich« im Verlag Grasl; *Ich dich und du mich auch,* Liebesgeschichte, 1990; zahlreiche Hörspiele und Features; Buchpublikationen, u.a.: *Krokodile haben keine Tränen,* Grasl 1985; *Dorfgeschichten* 1992; *Die Enge der Nähe,* Merbod 1993; *Ziegelschupfen oder Die genüßliche Mühe der Bewegung,* 1994; *Der Hof,* 1995; *Der ertrunkene Fisch,* 1996; *Stadtgeschichten,* 1999; alle erschienen in der Bibliothek der Provinz.

Milo Dor, geboren 1923 in Budapest; aufgewachsen in Groß-Betschkerek und in verschiedenen Dörfern des Banats und der Batschka, 1933 Übersiedlung nach Belgrad; 1941 Externistenmatura, danach im Widerstand tätig; 1942 Verhaftung, 1943 als Zwangsarbeiter nach Wien deportiert; nach dem Krieg Studium der Theaterwissenschaft und Romanistik in Wien; seit 1949 freiberuflicher Schriftsteller und Journalist; seit 1979 Präsident der IG Autoren; seit 1988 Ehrenmitglied des Österreichischen P.E.N. Clubs; lebt in Wien und Rovinj/Kroatien; seit 1947 erschienen eine Reihe von Romanen, Erzählungen und Drehbüchern, darunter: *Tote auf Urlaub,* Stuttgart 1952; *Nichts als Erinnerung,* Stuttgart 1959; *Die weiße Stadt,* Hamburg 1969; *Alle meine Brüder,* München 1978; *Leb wohl, Jugoslawien,* Salzburg 1993; zuletzt erschienen: *Mitteleuropa, Mythos oder Wirklichkeit,* Salzburg 1996 und *Wien, Juli 1999,* Wien 1997.

Karl-Markus Gauß, geboren 1954; Essayist, Kritiker und Herausgeber der Zeitschrift »Literatur und Kritik« in Salzburg. Seine Essaysammlungen wie *Tinte ist bitter* oder *Die Vernichtung Mitteleuropas* sind in mehrere Sprachen übersetzt worden. Für das *Europäische Alphabet,* dem unser Text entnommen ist, erhielt er 1997 den Prix Charles Veillon, 1999 erschien von ihm im Zsolnay Verlag *Der Mann, der ins Gefrierfach wollte. Albumblätter.*

Arno Geiger, geboren 1968 in Bregenz, studierte Literaturwissenschaft und lebt in Wolfurt und Wien. Er ist freier Schriftsteller und Videotechniker bei den Bregenzer Festspielen. Im Carl Hanser Verlag erschienen 1997 sein Romandebut *Kleine Schule des Karussellfahrens* und 1999 der Roman *Irrlichterloh.*

Thomas Glavinic, geboren 1972, lebt in Wien. Sein erster Roman *Carl Haffners Liebe zum Unentschieden* erschien bei Volk und Welt in Berlin. Im Frühjahr 2000 folgt ebenfalls bei Volk und Welt der Roman *Herr Susi.*

Monika Helfer, geboren in Au/Bregenzerwald, schreibt Erzählungen, Romane, Hörspiele, Theaterstücke. 1991 Österreichischer Förderpreis für Literatur, 1995 Ehrenpreis des Vorarlberger Buchhandels und 1996 das Robert-Musil-Stipendium. Buchveröffentlichungen, u. a.: *Ich lieb Dich überhaupt nicht mehr,* Piper 1989; *Der Neffe,* Piper 1991; *Oskar und Lilli,* Piper 1994; *Wenn der Bräutigam kommt,* Piper 1998; *Mein Mörder,* Piper 1999.

Stefanie Holzer, geboren 1961 in Ostermiething/Oberösterreich, lebt als freie Schriftstellerin in Innsbruck. Mitherausgeberin der Zeitschrift »Gegenwart«, 1989–1997; Buchveröffentlichungen: *Vorstellung. Eine Unkeuschheit. Roman,* Deuticke 1992; *Stefanie Holzer, Gumping. Eine Chronik,* Deuticke 1994.

Marie Luise Kaltenegger, geboren 1945 in der Steiermark; sie studierte Jus, arbeitete lange Zeit als Publizistin und ist jetzt beim ORF als Redakteurin tätig.

Ulrike Längle, geboren 1953; Studium in Innsbruck und Poitiers, seit 1984 Leiterin des Vorarlberger Literaturarchivs in Bregenz; 1997 Gastprofessur an der Universität von Austin/Texas, 1999 Heinrich-Heine-Stipendiatin in Lüneburg. Seit 1998 Jurorin beim Ingeborg-Bachmann-Wettbewerb Klagenfurt; Buchveröffentlichungen: *Am Marterpfahl der Irokesen*, Fischer 1992; *Der Untergang der Romanshorn*, Fischer 1994; *Tynner*, Fischer 1996; *Il Prete Rosso*, Residenz 1996; *Vermutungen über die Liebe in einem fremden Haus*, Fischer 1998; *Mit der Gabel in die Wand geritzt*, de scriptum 1999.

Katrin Mackowski, geboren 1964 in Ebstorf/Niedersachsen, studierte Musik- und Literaturwissenschaften. Seitdem Autorin und Journalistin; Publikationen in diversen Medien in Deutschland und Österreich; 1997 Autorin der literarischen Zeitschrift »Wespennest«, 1998 erschien ihr Debutroman *Rosa spielen* in der Edition Libro.

Georg Pichler, geboren 1959 in Judenburg/Steiermark, lebt in Wien und Graz. Für seine Prosabände *Zwischen zwei Festlanden*, 1989 und *Der Pflanzenbewuchs der Sprache*, 1991 (beide im Droschl Verlag) erhielt er den Forum-Stadtpark-Preis. 1996 erschien in Zusammenarbeit mit Lorenz Gaiser der Foto-Text-Band *Weg*, im Herbst 1999 in der Edition Atelier der Erzählband *Paradeis*.

Claudia Seidl, geboren 1964 in Linz, lebt als freie Journalistin in Wien. Sie studierte Geschichte, Soziologie, Politikwissenschaft und Philosophie. 1999 erschien im Veritas Verlag das Praxishandbuch *Erzähl mir die Welt*.

Christian Sova, geboren 1970 in Wien, studierte Publizistik, Anglistik und Politikwissenschaft und arbeitete von Juni 1996 bis September 1999 als Berater in einer PR-Agentur. Seit Oktober widmet er sich dem Bereich Fundraising. Im Herbst 1999 erschien bei Reclam Leipzig sein erster Roman *Stapleton, Massachusetts*.

Sylvia Treudl, geboren 1959 in Krems/Niederösterreich; Studium der Politikwissenschaft; von 1985 bis 1997 ständige Mitarbeit im Wiener Frauenverlag/Milena Verlag; Herausgeberin literarischer Anthologien; sie schreibt Lyrik und Kurzprosa. Zahlreiche Preise und Stipendien, zuletzt: Staatsstipendium für Literatur 1998/99; Buchpublikationen, u. a.: *Sporenstiefel halbgar*, Wiener Frauenverlag 1990; *im wilden gleichmaß warmgelaufen*, herbstpresse 1992; *montagmorgen einer geliebten*, edition thurnhof 1995; *Blues*, Milena Verlag 1999.

Rüdiger Wischenbart, geboren 1956 in Graz; Studium der Germanistik und Romanistik; Mitglied des Forum Stadtpark seit 1974 und Pressesprecher der Frankfurter Buchmesse; mehrere Buchpublikationen, zuletzt: *Canettis Angst. Erkundigungen am Rande Europas*, Wieser 1994 und *Die Sehnsucht nach der großen Stadt. Fremdlingsgeschichten aus Wien*, Kremayr & Scheriau 1996.

Monika Wogrolly, geboren 1967 in Graz; Philosophiestudium; journalistische, wissenschaftliche und literarische Publikationen; Mitarbeit bei einem Forschungsprojekt über den Hirntod; sie hält Kurse an der Volkshochschule Urania-Graz, arbeitet bei einer Werbeagentur als Texterin und macht eine Ausbildung zur Psychotherapeutin. Buchpublikationen: *Sturzflug ins Schwebende*, Leykam 1987; *Suche meinen Mörder*, Deuticke 1994; *Ins Feuer*, Deuticke 1995.

O. P. Zier, geboren 1954, lebt als freier Schriftsteller in St. Johann/Pg. und Eschenau/Pzg. Neben Veröffentlichungen in in- und ausländischen Zeitungen und Zeitschriften zahlreiche Arbeiten für Hörfunk (Hörspiele, Features, Funkessays usw.) und Fernsehen (Spiel- und Dokumentarfilme); verschiedene Literaturpreise; mehrere Buchveröffentlichungen, zuletzt im Otto Müller Verlag die Romane *Schonzeit*, 1996 und *Himmelfahrt*, 1998.